Monika Bo
Sylvette Penning-Hiemstra
Franz Specht
Daniela Wagner

Deutsch als Fremdsprache

Schritte 1

Kursbuch +
Arbeitsbuch

Max Hueber Verlag

Beratung:
Renate Aumüller, Münchner Volkshochschule
Barbara Gottstein-Schramm, Goethe-Institut Internationes,
 Bereich Deutsch als Zweitsprache, Lehrkräftequalifizierung
Isabel Krämer-Kienle, Goethe-Institut Inter Nationes,
 Bereich Deutsch als Zweitsprache, Lehrkräftequalifizierung
Susanne Kalender, Duisburg
Marion Overhoff, Duisburg
Rainer Wiedemann, München
Renate Zschärlich, Berlin

Fotogeschichte:
Fotograf: Alexander Keller
Darsteller: Grit Emmrich-Seeger, Marcus Kästner, Susanne Länge,
 Yevgen Papanin, Jana Weers
Organisation: Sylvette Penning, Lisa Mammele

Das Werk und seine Teile sind urheberrechtlich geschützt.
Jede Verwertung in anderen als den gesetzlich zugelassenen Fällen
bedarf deshalb der vorherigen schriftlichen Einwilligung des Verlags.

Hinweis zu § 52 a UrhG: Weder das Werk noch seine Teile dürfen ohne
eine solche Einwilligung überspielt, gespeichert und in ein Netzwerk
eingespielt werden. Dies gilt auch für Intranets von Firmen und Schulen
und sonstigen Bildungseinrichtungen.

6. 5. 4. | Die letzten Ziffern
2010 09 08 07 06 | bezeichnen Zahl und Jahr des Druckes.
Alle Drucke dieser Auflage können, da unverändert,
nebeneinander benutzt werden.
1. Auflage
© 2003 Max Hueber Verlag, 85737 Ismaning, Deutschland
Zeichnungen: Jörg Saupe, Düsseldorf
Layout: Marlene Kern, München
Verlagsredaktion: Dörte Weers, Weßling, Jutta Orth-Chambah, München, Marion Kerner, München
Druck und Bindung: Stürtz GmbH, Würzburg
Printed in Germany
ISBN 3-19-001704-2
ISBN 3-19-201704-X (mit CD)

AUFBAU

Inhaltsverzeichnis – KURSBUCH	4
Vorwort	6
Die erste Stunde im Kurs	7
Kursbuch: Lektionen 1–7	8
Inhaltsverzeichnis – ARBEITSBUCH	65
Arbeitsbuch: Lektionen 1–7	66
Wortliste	128

Symbole / Piktogramme

Kursbuch		Arbeitsbuch	
Hörtext auf CD/Kassette	CD1 05	Hörtext auf CD/Kassette	CD2 12
Grammatik	Nico → er	Vertiefungsübung	Ergänzen Sie.
Hinweis	1 kg = ein Kilo	Erweiterungsübung	Ergänzen Sie.
Aktivität im Kurs			
Redemittel	*Wie heißen Sie? Wie ist Ihr Name?*		

Inhalt Kursbuch

Guten Tag. Mein Name ist …

Foto-Hörgeschichte
Nikolaj Miron … 8

Schritt
- A jemanden begrüßen, sich verabschieden … 10
- B nach dem Namen fragen … 11
  sich und andere mit Namen vorstellen
- C Herkunftsland erfragen und nennen … 12
  Sprachen benennen
- D Alphabet … 13
  Telefongespräch: nach jemandem fragen
- E Visitenkarten … 14
  Anmeldeformular

Übersicht Grammatik … 15
Wichtige Wörter und Wendungen

Grammatik
- W-Frage: *Wie heißen Sie?*
- Aussage: *Ich heiße / Ich bin …*
- Personalpronomen *ich, Sie, du*
- Verbkonjugation (ich, Sie, du): *heißen, kommen, sprechen, sein*
- Präposition aus: *Ich komme aus der Ukraine.*
- Wortbildung Nomen: *Name → Vorname*

2 Meine Familie

Foto-Hörgeschichte
Pipsi und Schnofferl … 16

Schritt
- A nach dem Befinden fragen … 18
  Befinden ausdrücken
- B Familienmitglieder vorstellen … 19
- C Wohnort und Adresse nennen … 20
- D Zahlen: 0–20 … 21
  Interview: Fragen zur Person
  ein Formular ausfüllen
- E Arbeit mit der Landkarte … 22
  Angaben zu Personen verstehen

Übersicht Grammatik … 23
Wichtige Wörter und Wendungen

Grammatik
- Possessivartikel *mein/meine*
- Personalpronomen *er/sie, wir, ihr, sie*
- Verbkonjugation: *leben, haben, …*
- Präposition in: *Sie leben in Kiew.*

Einkauf

Foto-Hörgeschichte
Kennen Sie fan-fit? … 24

Schritt
- A Lebensmittel benennen … 26
- B Dinge benennen … 27
- C Preise und Mengen benennen … 28
- D Zahlen: 21–100 … 29
  Preise, Gewichte und Maßeinheiten
- E beim Einkaufen … 30

Übersicht Grammatik … 31
Wichtige Wörter und Wendungen

Grammatik
- Ja-/Nein-Frage: *Kennen Sie …?*
- Nullartikel: *Brauchen wir Salz?*
- unbestimmter Artikel *ein/eine*
- Negativartikel *kein/keine*
- Plural der Nomen: *Tomaten, Eier*
- Verbkonjugation: *„möchten"*

4 Meine Wohnung

Foto-Hörgeschichte
Sara hat Hunger … 32

Schritt
- A nach einem Ort fragen … 34
  einen Ort nennen
- B eine Wohnung/ein Haus beschreiben … 35
  Gefallen/Missfallen ausdrücken
- C Möbel und Elektrogeräte benennen … 36
  Gefallen/Missfallen ausdrücken
  Farben benennen … 37
- D Zahlen: 100–1.000.000 … 38
  Wohnungsanzeigen
  Kleinanzeigen
  Telefongespräch: Auskünfte
  erfragen

Übersicht Grammatik … 39
Wichtige Wörter und Wendungen

Grammatik
- bestimmter Artikel *der/das/die*
- lokale Adverbien *hier/dort*
- prädikatives Adjektiv: *Das Bad ist klein.*
- Personalpronomen *er/es/sie*
- Negation nicht: *Das Bad ist nicht groß.*
- Verbkonjugation: *gefallen*
- Wortbildung Nomen: *der Schrank → der Kühlschrank*

Mein Tag

Foto-Hörgeschichte

Nur ein Spiel! 40

Schritt

A	Uhrzeit (inoffiziell) nennen	42
B	Vorlieben ausdrücken	43
C	Wochentage nennen	—
D	Tagesablauf: Aktivitäten nennen	44
E	Schilder/Anrufbeantworter: Öffnungszeiten verstehen Uhrzeit (offiziell)	45

Übersicht

Grammatik 47
Wichtige Wörter und Wendungen

Grammatik
- trennbare Verben: *Bruno steht früh auf.*
- Verbkonjugation: *sehen, arbeiten, essen*
- Verbposition im Satz
- Präpositionen *am, um, von ... bis*: *Am Sonntag um acht Uhr.*

Freizeit

Foto-Hörgeschichte

Grill-Cola 48

Schritt

A	Wetter / Jahreszeiten / Himmelsrichtungen beschreiben	50
B	nach Essen und Trinken fragen	51
C	im Gespräch zustimmen, widersprechen, verneinen	52
D	über Freizeit und Hobbys sprechen Anzeigen lesen und schreiben	53
E	Wetterbericht	54

Übersicht

Grammatik 55
Wichtige Wörter und Wendungen

Grammatik
- Akkusativ: *den Salat, einen Tee, keinen Saft*
- Ja-/Nein-Frage und Antwort *ja, nein, doch*
- Verbkonjugation: *lesen, treffen, schlafen, fahren*

7

Kinder und Schule

Foto-Hörgeschichte

Fieber? So so! 56

Schritt

A	Möglichkeiten und Fähigkeiten ausdrücken	58
B	Absichten ausdrücken seinen Willen äußern	59
C	von Ereignissen in der Vergangenheit berichten vergangene Tagesabläufe beschreiben	60
D	über Aktivitäten in der Vergangenheit sprechen Vorschläge machen und ablehnen	61
E	Elternbrief Telefongespräche: Entschuldigung wegen Krankheit	62

Übersicht

Grammatik 63
Wichtige Wörter und Wendungen

Grammatik
- Modalverben *können, wollen*
- Satzklammer: *Ich kann nicht einkaufen.*
- Perfekt mit haben: *hat ... gelernt*
- Perfekt mit sein: *ist ... gefahren*
- temporale Angabe *gestern*

Vorwort

Liebe Leserinnen und Leser,

Schritte ist ein Lehrwerk für die Grundstufe. Es führt Lernende ohne Vorkenntnisse in jeweils zwei Bänden zu den Sprachniveaus A1, A2 und B1, wie sie im *Gemeinsamen europäischen Referenzrahmen* definiert sind. Gleichzeitig bereitet es gezielt auf die Prüfungen *Start Deutsch 1* (Stufe A1), *Start Deutsch 2* (Stufe A2) und *Zertifikat Deutsch* (Stufe B1) vor.

Für wen ist das Lehrwerk *Schritte* geeignet?

Schritte eignet sich besonders für Lernende, die in einem deutschsprachigen Land leben oder leben möchten. Um die Integration in den deutschen Alltag zu erleichtern, haben wir Situationen gewählt, die auf die Bedürfnisse dieser Zielgruppe ausgerichtet sind. Die wichtigen Bereiche des Familienlebens und der Arbeitswelt nehmen breiten Raum ein. Implizit vermittelt das Lehrwerk landeskundliches Grundwissen über relevante Bereiche wie zum Beispiel Wohnungs- und Stellensuche, Schulsystem und Gesundheitswesen.
Das Lehrwerk ist gedacht für Lernende, die über wenig Lernerfahrung verfügen und vielleicht noch keine andere Fremdsprache gelernt haben. Die Progression ist daher gezielt flach gehalten.

Wie sind die Lektionen aufgebaut?

Das Kursbuch

Jede der sieben Lektionen eines Bandes besteht aus einer Einstiegsdoppelseite, fünf Lernschritten A bis E sowie einer Übersichtsseite am Lektionsende. Die Lernschritte A bis E sind jeweils auf einer Seite abgeschlossen, was einen klaren und transparenten Aufbau schafft.

- **Einstieg:** Jede Lektion beginnt mit einer Folge einer Foto-Hörgeschichte. Die Episoden bilden den thematischen und sprachlichen Rahmen der Lektion. Der Handlungsbogen dient als roter Faden für die Lektion und erleichtert die Orientierung im Lernprogramm.

- **Lernschritt A-C:** Hier werden die neuen Wörter und Strukturen der Foto-Hörgeschichte aufgegriffen, in weiteren typischen Situationen variiert und erweitert. In der Kopfzeile jeder Seite sehen Sie, um welchen Lernstoff es auf der Seite geht. Die Einstiegsaufgabe der Lernschritte führt neuen Stoff ein, indem sie mit einem „Zitat" an die gerade gehörte Episode anknüpft. Variationsübungen und zusätzliche Alltagsdialoge schleifen den neuen Lernstoff ein. Grammatik-Einblendungen machen die neu zu erlernenden Sprachstrukturen bewusst. Den Abschluss der Lerneinheit bildet eine freie, oft spielerische Anwendungsübung.

- **Lernschritt D und E:** Diese Seiten präsentieren alltägliche Gesprächssituationen und Schreibanlässe und bereiten die Lernenden mit Hilfe von „Realien" auf den Alltag außerhalb des Klassenraums vor. Die vier Fertigkeiten werden hier unabhängig von der Foto-Hörgeschichte trainiert. Der Schwerpunkt liegt dabei auf den produktiven Fertigkeiten. Die Teilnehmenden lernen auch die wichtigsten Textsorten des Schriftverkehrs kennen, d.h. Formulare, Briefe und E-Mails.

- **Übersicht:** Am Ende der Lektion finden Sie die wichtigen Strukturen, Wörter und Wendungen systematisch aufgeführt.

Das Arbeitsbuch

Das integrierte Arbeitsbuch ermöglicht dem Lehrenden durch ein spezielles Leitsystem, innerhalb eines Kurses binnendifferenziert mit schnelleren und langsameren Lernenden gezielt zu arbeiten. Hier finden sich auch die Aufgaben zum Aussprachetraining. Projekte ermöglichen eine enge Verknüpfung von Lernen in und außerhalb des Klassenraumes. Ein Lerntagebuch leitet die Teilnehmenden von Anfang dazu an, sich den eigenen Lernprozess bewusst zu machen und sinnvolle Strategien anzueignen. Aufgaben, die eine gezielte Vorbereitung auf die Prüfungen *Start Deutsch* bzw. *Zertifikat Deutsch* ermöglichen, runden das Arbeitsbuch ab.

Viel Spaß beim Lehren und Lernen mit *Schritte* wünschen Ihnen

Autoren und Verlag

1 Guten Tag. Mein Name ist …

FOLGE 1: NIKOLAJ MIRON

1 Sehen Sie die Fotos an und hören Sie.

2 Wer ist das?

Nikolaj • Sara • Bruno

Das ist _Nikolaj_ . Das ist _Sara_ . Das ist _Bruno_ .

3 Hören Sie noch einmal. Wer sagt das? Ordnen Sie zu.

               Hans Müller?
               Papa! Papa!
Sara   Wie heißen Sie?
Nikolaj   Das ist Nikolaj.
Bruno   Mein Name ist Nikolaj Miron.
               Ich komme aus der Ukraine.
               Nein, ich bin nicht Herr Müller. Ich heiße Schneider. Bruno Schneider.
               Danke! Vielen Dank!

1 A Guten Tag. – Hallo!

A1 Hören Sie noch einmal. Wer sagt das?

Guten Tag.
Hallo.
Auf Wiedersehen.
Tschüs.

A2 Hören Sie und ordnen Sie zu.

3 ● Auf Wiedersehen, Herr Schröder.
   ▲ Tschüs, Felix.

2 ■ Guten Abend, meine Damen und Herren.
   Willkommen bei „Musik ist international".

1 ▼ Guten Morgen, Frau Schröder.
   ■ Guten Morgen. Oh, danke. Wiedersehen.

4 ■ Jetzt aber gute Nacht.
   ◆ Nacht, Mama.

Guten | Morgen. (m)
      | Tag.   Gute Nacht. (f)
      | Abend.   Auf Wiedersehen.
Hallo.| Tschüs.

A3 Sprechen Sie im Kurs.

6 Uhr – 11 Uhr: Guten Morgen.
11 Uhr – 18 Uhr: Guten Tag.
18 Uhr – … : Guten Abend.

6.00	Guten Morgen, Frau Eco. – Guten Morgen.
13.00	Guten Tag, Herr … – Guten Tag.
20.45	Guten Abend, Alexander. – Guten Abend.

Das ist Schnuffi. Ich bin Sara.

B 1

B1 Wer sagt das? Ordnen Sie zu.

[3] Ich heiße Nikolaj. [4] Und wie heißen Sie? [2] Ich bin Sara. [1] Das ist Schnuffi. (stuffed animal)

B2 Hören Sie und sprechen Sie dann mit Ihrem Namen.

- ● Guten Tag. Mein Name ist Andreas Zilinski.
- ▲ Guten Tag, Herr ... Entschuldigung, wie heißen Sie?
- ● Andreas Zilinski.
- ▲ Ah ja. Guten Tag, Herr Zilinski. Ich bin Michaela Zuber.
- ● Guten Tag, Frau Zuber.

- ■ Frau Kunz, das ist meine Kollegin Frau Zuber.
- ◆ Guten Tag, Frau Zuber.
- ▲ Guten Tag.

Wie heiß**en Sie?** **Ich** heiße ...
 Ich bin ...
 Mein Name ...

B3 Fragen Sie und antworten Sie im Kurs.

Ich bin Birgit Nielsen.
Das ist Luca Andreotti.
Und wie heißen Sie?

Ich bin ...
Das ist ...
Und wie ...

Das ist ...

B4 Suchen und zeigen Sie ein Foto. Fragen Sie.
(search for / look for) (show)

- ■ Wer ist das?
- ● Das ist ...
- ■ Ja, stimmt. Nein.

- ■ Wer ist das?
- ▲ Ich weiß es nicht.

I don't know
Keine Ahnung

Wer ist das? **Das ist** ...

elf   **11**   LEKTION 1

1 C Ich komme aus der Ukraine.

C1 Hören Sie. Welches Bild passt zu welchem Gespräch? *(Which)*

A
- Guten Tag.
  Mein Name ist Nikolaj Miron.
- Guten Tag. Freut mich. *(happy)*
  Ich heiße Jutta Wagner.
  Woher kommen Sie, Herr Miron?
- Aus der Ukraine.

B
- Hallo. Ich bin Nikolaj.
  Und wer bist du?
- Ich bin Oliver.
  Woher kommst du, Nikolaj?
- Aus der Ukraine.

Woher komm**en Sie**?   Aus | Deutschland.
Woher komm**st du**? | Österreich.
                                 | ...

C2 Ergänzen Sie.

a
- Herr Meier, woher komm_en Sie_?
- Aus Deutschland.

b
- Peter, woher komm_st du_?
- Aus Österreich.

c
- Frau Thalmann, woher komm_en Sie_?
- Aus der Schweiz.

d
- Karim, woher komm_st du_?
- Aus dem Irak.

aus	–	dem	der
Deutschland	Irak	Schweiz
Österreich	Iran	Türkei
Afghanistan	Jemen	Ukraine
Kroatien	Sudan	...
Kasachstan	...	
Marokko		
Russland		
Tunesien		
Vietnam		
Jordanien		
Israel		

C3 Im Kurs: Fragen Sie und machen Sie eine Wandzeitung.

Was sprechen Sie?   Deutsch.
Was sprichst du?   Russisch und ein
                    bisschen Deutsch.

Ich spreche gut
Englisch und
ein bisschen
Deutsch.

Wie heißen Sie?
Wie heißt du?
Woher kommen Sie?
Woher kommst du?
Was sprechen Sie?
Was sprichst du?

Name	Land	Sprachen
Mario Barchi	Italien	Italienisch
	USA	Englisch
	Deutschland	Deutsch
Frankreich	Kanada	Englisch Französisch
	Jemen	Arabisch
	Kroatien	Kroatisch
	Iran	Persisch
	Russland	Russisch
	Vietnam	Vietnamesisch
	Ukraine	Ukrainisch
	Türkei	Türkisch
	Serbien	Serbisch
	Bosnien	Bosnisch

Sprachen
Arabisch
Deutsch
Englisch
Französisch
Italienisch
Kroatisch
Persisch
Russisch
Serbisch
Türkisch
Ukrainisch
Vietnamesisch

zwölf   12   LEKTION 1

Buchstaben

D1 Hören Sie und sprechen Sie.

A a	B b	C c	D d	E e	F f	G g
H h	I i	J j	K k	L l	M m	N n
O o	P p	Q q	R r	S s	T t	U u
V v	W w	X x	Y y	Z z		
Ä ä	Ö ö	Ü ü	ß			

D2 Markieren Sie unbekannte Buchstaben.

Suchen Sie in der Lektion Wörter mit: ö, ü, ß, z.
Beispiel: *hören* (Seite 8)

D3 Buchstabieren Sie Ihren Namen.

D4 Hören Sie das Telefongespräch und sprechen Sie dann mit Ihrem Namen.

Firma Teletec, Iris Pfeil, guten Tag.

    Guten Tag. Mein Name ist Khosa.
    Ist Frau Söll da, bitte?

Guten Tag, Herr K…

    Khosa.

Entschuldigung, wie ist Ihr Name?

    Khosa. Ich buchstabiere: K–H–O–S–A.

Ah ja, Herr Khosa. Tut mir Leid,
Frau Söll ist nicht da.

    Ja, gut. Danke. Auf Wiederhören.

Auf Wiederhören, Herr Khosa.

D5 Spiel: Suchen Sie im Kurs Namen mit Ihren Buchstaben.

> Ich bin Sandra.
> Wie heißt du?

> Ich heiße Rodolfo.
> Ich buchstabiere: R–O–D–O–L–F–O.

LEKTION 1

1 E Adresse

E1 Lesen Sie und ergänzen Sie die Liste.

	Herr	Frau	Frau	Herr	Frau	Herr
Familienname	Seeber	Rienhoff	Babaçan	Schremser	Dupont	Amirseghi
Vorname	Wolfgang	Luise	Zarife	Jürgen	Nicole	Adil
Land	Deutschland	Österreich	Schweiz	Liechtenstein	Deutschland	Deutschland
Stadt	Frankfurt	Wien	Zürich	Schaan	Berlin	Köln
Straße	Siegener Str.	Silbergasse	Genfer Str.	Obergass	Kafkastr.	Adam-Karrillon-Straße

E2 Fragen Sie im Kurs. Schreiben Sie eine Kursliste.

Kurs: A1/1

	Familienname	Vorname	Stadt	Straße
1	Caso	Elena		
2				
...				

Wie heißen Sie?
Buchstabieren Sie bitte.
Und der Vorname, bitte?
Und wie heißt die Stadt, bitte?
Und die Straße?

E3 Ergänzen Sie das Formular.

Kurs A1/1
Deutsch als Fremdsprache

A n m e l d u n g

Familienname: .... Straße, Hausnummer: ....
Vorname: .... Postleitzahl, Stadt: ....

E4 Ergänzen Sie die Wörter aus dem Formular.

a   Name: __Vor__name, ...name
b   Nummer: ....nummer
c   Zahl: ....zahl

Grammatik

1 Aussage

	Position 2	
Mein Name	**ist**	Bruno Schneider.
Ich	**bin**	Sara.
Ich	**komme**	aus Deutschland.
Sie	**sprechen**	Russisch.

2 W-Frage

	Position 2	
Wer	**ist**	das?
Wie	**heißen**	Sie?
Woher	**kommen**	Sie?
Was	**sprechen**	Sie?

3 Verb: Konjugation

	kommen	heißen	sprechen	sein
ich	komm**e**	heiß**e**	sprech**e**	**bin**
du	komm**st**	heiß**t**	sprich**st**	**bist**
Sie	komm**en**	heiß**en**	sprech**en**	**sind**

4 Nomen: Wortbildung

Name: Vor**name**, Familien**name**
Nummer: Haus**nummer**
Zahl: Postleit**zahl**

Wichtige Wörter und Wendungen

[handwritten: Important expressions]

Begrüßung: Hallo!
[handwritten: Welcome/Greetings]

Hallo!
Guten Morgen, Frau Schröder.
Firma Teletec, Iris Pfeil, guten Tag.
Guten Abend, Herr Schneider.

Abschied: Auf Wiedersehen.

Auf Wiedersehen, Frau Schröder.
Tschüs, Felix.
Gute Nacht. – Nacht, Mama.
Auf Wiederhören.

Name: Wie heißen Sie?

Wie heißen Sie? – Ich heiße/bin Bruno Schneider.
Wie heißt du? – Ich heiße/bin Sara.
Wer bist du? – Sara. *[handwritten: who]*
Wie ist Ihr Name? – Mein Name ist Andreas Zilinski. *[handwritten: what]*
Wer ist das? – Das ist Frau Kunz.

Herkunft: Woher kommen Sie?
[handwritten: Residence]

Woher kommen Sie, Herr Miron? – Aus der Ukraine.
Woher kommst du, Nikolaj? – Aus der Ukraine.

Strategien

Ah, ja. • Ja, stimmt. • …, bitte? • Ja, gut.

Sprache: Was sprechen Sie?

Was sprechen Sie? – Deutsch.
Was sprichst du? – Ich spreche gut
Englisch und ein bisschen Deutsch.

Personalien

Vorname • Familienname •
Straße • Hausnummer •
Stadt • Postleitzahl • Land

Entschuldigung

Entschuldigung, …
Tut mir Leid.

Bitten und Danken

Und wie heißt die Stadt, bitte?
Buchstabieren Sie bitte.
Ich buchstabiere: K–H–O–S–A. – Danke!

Kurssprache

ansehen • antworten • ergänzen •
fragen • hören • lesen • machen •
markieren • sagen • schreiben •
sprechen • suchen • zeigen • zuordnen

2 Meine Familie

FOLGE 2: *PIPSI UND SCHNOFFERL*

1 Wer ist Bruno? Wer ist Sara? Wer ist Nikolaj?
Zeigen Sie.

2 Was meinen Sie? Wer ist das?

☒ Brunos Frau
☐ Nikolajs Frau

Ja, genau.

Nein, das ist Nikolajs Frau.

Das ist Brunos Frau.

3 Sehen Sie die Fotos an und hören Sie.

4 Was ist richtig? Kreuzen Sie an.

☐ Nikolaj: Das ist Tina, meine Frau.

☐ Sara: Das ist Tina, meine Mutter.

☒ Bruno: Das ist Tina, meine Frau.

5 Hören Sie noch einmal.

Wer sagt das? Kreuzen Sie an.

		Bruno	Nikolaj	Tina	Sara
a	Wo ist denn Sara? Und wo ist Bruno?	☐	☒	☐	☐
b	Wer sind Sie denn?	☐	☐	☒	☐
c	Na, wie geht's, Herr Miron?	☒	☐	☐	☐
d	Meine Mutter und mein Bruder leben in Kiew.	☐	☒	☐	☐
e	Sie heißen Schnuffi und Poppel, verstehst du?	☐	☐	☐	☒

2 A Wie geht's? – Danke, sehr gut.

A1 Hören Sie und ordnen Sie zu.

▲ Wie geht's?

① Super.
② Danke, sehr gut.
③ Gut, danke.
④ Na ja, es geht.
⑤ Ach, nicht so gut.

A2 Hören Sie und sprechen Sie dann mit Ihrem Namen.

■ Guten Tag, Herr Kraus.
● Guten Tag, Herr Müller.
  Wie geht es Ihnen?
■ Sehr gut, danke.
  Und Ihnen?
● Es geht.

▲ Hallo, Andreas.
◆ Hallo, Peter.
  Wie geht es dir?
▲ Gut, und dir?
◆ Auch gut.

Wie geht's?
Wie geht es **Ihnen**? Gut, danke.
Wie geht es **dir**?

Varianten:
super – sehr gut ●
gut – nicht so gut

Varianten:
nicht so gut ●
sehr gut

A3 Rollenspiel: Machen Sie Kärtchen und sprechen Sie.

● Wie geht es Ihnen?
▲ Danke, gut.

● Woher kommen Sie?
▲ Aus Österreich.

■ Wie geht es dir?
◆ Super!

■ Woher kommst du?
◆ Aus Deutschland.

achtzehn · 18 · LEKTION 2

Das ist **meine Frau.** B 2

B1 Hören Sie und ergänzen Sie.

Frau • Mutter • Tochter • Eltern • Bruder • Vater

Das ist Tina, meine _Frau_. Und das da ist meine _Tochter_ Sara.

Das sind meine _Eltern_. Mein _Vater_ heißt Bruno, meine _Mutter_ heißt Tina.

Das hier ist mein _Bruder_.

B2 Wer ist wer? Hören Sie und ergänzen Sie.

Sohn • Tochter • Kinder • Mann • Bruder • Schwester

Das ist …
1. _mein Mann_
2. _mein Sohn_
3. _meine Tochter_

Das sind …
2 und 3 _meine Kinder_

Das ist …
4. _meine Schwester_
5. _mein Bruder_

mein	Vater (m)
	Sohn (m)
mein	Kind (n)
mein**e**	Mutter (f)
	Frau (f)
mein**e**	Eltern (pl)
	Kinder (pl)

(S) Das **ist** mein Vater.
(Pl) Das **sind** meine Eltern.

B3 Ergänzen Sie.

■ Wer ist das?
● Das ist _meine_ Schwester.
■ Und das?
● Das ist _mein_ Bruder.
■ Ah, ja!
● Und das sind _meine_ Eltern.

B4 Ihre Familienfotos: Sprechen Sie.

Das ist mein/meine …

Das sind meine …

2 C Er wohnt in der Rosenheimer Straße.

C1 Hören Sie und ergänzen Sie.

kommt • heißen • kommt • ist

Niko **kommt** aus der Ukraine. Er wohnt in München, in der Rosenheimer Straße. Seine Mutter und sein Bruder leben in Kiew.

Das **ist** Sara: Sie hat zwei Hasen, sie **heißen** Schnuffi und Poppel.

Bruno lebt in München. Seine Mutter **kommt** aus Italien. Seine Eltern wohnen nicht in München, sie leben in Nürnberg.

C2 Schreiben Sie.

a
Thi Giang
Vietnam
Deutschland
Dresden
Müllerstraße

Das ist *Thi Giang*
Sie kommt aus *Vietnam*
Sie lebt in *Deutschland*
Sie wohnt in *Dresden (Stadt/Land)*
Sie wohnt in der *Müllerstraße*

Niko → er
Sara → sie
Eltern → sie

b
Afo
Togo
Österreich
Wien
Burgstraße

Das *ist Afo*
Er kommt *aus Togo*
Er lebt *in Österreich*
Er wohnt *in Wien*
Er wohnt in *der Burgstraße*

er/sie	wohnt	lebt	ist
wir	wohnen	leben	sind
ihr	wohnt	lebt	seid
sie/Sie	wohnen	leben	sind

c
Metin und Elif
Türkei
Deutschland
Köln
Schillerstraße

Das sind *Metin und Elif*
Sie kommen *aus Türkei*
Sie leben *in Köln*
Sie wohnen in der *Schillerstr.*

Das ist Thi Giang. Sie kommt aus Vietnam. Sie ...

C3 Hören Sie und variieren Sie.

● Anna, das sind meine Freunde Sera und Mori.
■ Ah, hallo. Woher kommt ihr denn?
▲ Aus Uganda, aber wir sind schon lange in Deutschland. Wir wohnen hier in Berlin.

Varianten:
Lin und Bang – China – Österreich – Wien
Hamed und Mariam – Afghanistan – Deutschland – Erfurt

C4 Eine Party: Schreiben Sie Kärtchen und sprechen Sie.

Wie heißt ihr?
Woher kommt ihr?
Wo ...?

Wir sind Lina und Markus Ebner.
Wir kommen aus Österreich.
Wir wohnen in Kiel.

Zahlen und Personalien

D1 Hören Sie und sprechen Sie nach.

0	1	2	3	4	5	6	7	8	9	10	11
null	eins	zwei	drei	vier	fünf	sechs	sieben	acht	neun	zehn	elf

12	13	14	15	16	17	18	19	20
zwölf	dreizehn	vierzehn	fünfzehn	sechzehn	siebzehn	achtzehn	neunzehn	zwanzig

D2 Welche Telefonnummern hören Sie? Kreuzen Sie an.

a ☐ 11 12 20 ☒ 13 16 20 ☐ 12 15 20
b ☐ 18 18 10 ☐ 19 18 10 ☒ 19 16 10
c ☒ 19 15 12 ☐ 18 15 12 ☐ 16 17 12

D3 Hören Sie und lesen Sie das Gespräch. Füllen Sie das Formular aus.

▲ Wie heißen Sie?
● Manuela Silva Cabral.
▲ Woher kommen Sie?
● Aus Portugal.
▲ Wo sind Sie geboren?
● In Porto.
▲ Wie ist Ihre Adresse?
● 20249 Hamburg, Markstraße 1. *(PLZ Postleitzahl)*
▲ Wie ist Ihre Telefonnummer?
● 7 88 63 9.
▲ Sind Sie verheiratet?
● Nein, ich bin geschieden.
▲ Haben Sie Kinder?
● Ja, ein Kind.
▲ Wie alt ist Ihr Kind?
● Acht.

Formular ausfüllen

Familienname: Silva Cabral
Vorname: Cabral
Heimatland: Portugal
Geburtsort: Porto
Wohnort: Hamburg
Adresse: 20249 Hamburg, Markstr. 1
Telefonnummer: 7 88 63 9
Familienstand: ☐ ledig ☐ verwitwet ☐ verheiratet ☒ geschieden
Kinder: 1 Kind / ...... Kinder / kein Kind
Alter: 8

D4 Fragen Sie Ihre Partnerin / Ihren Partner.

Wie heißen Sie? *Haben Sie ...?*
Woher kommen ...? *Wie alt ist Ihr Kind / sind Ihre Kinder?* (where)
Wo sind ...?
Wo wohnen ...? (where do you)
Wie ist Ihre ...?
Sind Sie ...?

ich	habe	
du	hast	
er/sie	hat	ein Kind
wir	haben	
ihr	habt	
sie	haben	

D5 Schreiben Sie über Ihre Partnerin / Ihren Partner.

Familienname: BENHASSI
Vorname: ADIL
Heimatland: MAROKKO
Geburtsort: SAFI
Wohnort:

Familienname: Rajkovic
Vorname: Ivana
Heimatland: Kroatien

2 E Deutschsprachige Länder

riesig big

E1 Wie heißen die Städte?

Hamburg • Wien • Zürich • Berlin

s Brandenburger Tor *s Riesenrad*

der Hafen

Zürich   Hamburg   Berlin   Wien

E2 Suchen Sie die Städte auf der Landkarte. Kreuzen Sie an.

D–A–CH–Quiz

Deutschland • Österreich • Schweiz

a Hamburg ist in 🇩🇪̶ 🇦🇹 🇨🇭.
b Zürich ist in der 🇩🇪 🇦🇹 🇨🇭̶.
c Linz ist in 🇩🇪 🇦🇹̶ 🇨🇭.
d Berlin ist die Hauptstadt von 🇩🇪 🇦🇹 🇨🇭.
e Die Hauptstadt von 🇩🇪 🇦🇹̶ 🇨🇭 heißt Wien.
f Bern ist die Hauptstadt der 🇩🇪 🇦🇹 🇨🇭.
g München liegt in Süd 🇩🇪 🇦🇹 🇨🇭.
h Kiel liegt in Nord 🇩🇪̶ 🇦🇹 🇨🇭.

E3 Hören Sie. Wo wohnen die Leute?

Hanne Winkler: *in Hamburg*
Ashraf Shabaro: *Berlin*
Thomas Gierl: *Wien*
Margrit Ehrler: *Zürich*

E4 Hören Sie noch einmal. Richtig oder falsch? Kreuzen Sie an.

a **Hanne Winkler**
Sie ist zwanzig Jahre alt. richtig ☐ falsch ☒
Sie ist verheiratet. richtig ☒ falsch ☐
Sie hat zwei Kinder. richtig ☐ falsch ☒

c **Thomas Gierl**
Er lebt in Österreich. richtig ☒ falsch ☐
Er hat eine Tochter. richtig ☐ falsch ☐
Er ist verheiratet. richtig ☐ falsch ☒

b **Ashraf Shabaro**
Er lebt in Syrien. richtig ☐ falsch ☒
Er ist ledig. richtig ☐ falsch ☒
Er hat drei Kinder. richtig ☒ falsch ☐

d **Margrit Ehrler**
Sie lebt in der Schweiz. richtig ☒ falsch ☐
Sie hat ein Baby. richtig ☒ falsch ☐
Das Baby heißt Jakob. richtig ☐ falsch ☒

Grammatik

1 Possessivartikel: *mein*

Singular – maskulin	Singular – neutral	Singular – feminin	Plural
mein Vater	mein Kind	meine Mutter	meine Eltern

2 Verb: Konjugation

	leben	heißen	sprechen	sein	haben
ich	lebe	heiße	spreche	bin	habe
du	lebst	heißt	sprichst	bist	hast
er/sie	lebt	heißt	spricht	ist	hat
wir	leben	heißen	sprechen	sind	haben
ihr	lebt	heißt	sprecht	seid	habt
sie/Sie	leben	heißen	sprechen	sind	haben

Wichtige Wörter und Wendungen

Befinden: Wie geht's?

Wie geht's?	Danke, super/sehr gut/gut.
	Sehr gut, danke.
Wie geht es Ihnen?	Na ja, es geht.
Wie geht es dir?	Ach, nicht so gut.
Und Ihnen/dir?	Auch gut, danke.

Familie

mein ...	mein ...	meine ...	meine ...
Bruder	Kind	Frau	Eltern
Mann		Mutter	Kinder
Sohn		Schwester	
Vater		Tochter	
		Familie	

Andere vorstellen: Das ist/sind ...

Das ist	meine Tochter / Brunos Frau.
Das sind	meine Eltern / meine Kinder.

Ort: Hamburg ist in Deutschland

Hamburg ist/liegt in Deutschland.
Wien ist die Hauptstadt von Österreich.

Norddeutschland • Ostdeutschland •
Süddeutschland • Westdeutschland

Angaben zur Person: Wer sind Sie?

Wo sind Sie geboren?	Ich bin in Porto geboren.
Wo wohnen Sie?	Ich lebe/wohne in Zürich.
	Ich wohne in der Bader Straße.
Wie ist Ihre Adresse?	20249 Hamburg, Markstraße 1.
Wie ist Ihre Telefonnummer?	788639.
Sind Sie verheiratet?	Ja, ich bin verheiratet.
	Nein, ich bin ledig/
	verwitwet/geschieden.
Haben Sie Kinder?	Ich habe ein Kind/
	zwei, drei, ... Kinder/
	keine Kinder.
Wie alt ist Ihr Kind?	Acht.
Wie alt sind Ihre Kinder?	Acht und zehn.

Personalien

Adresse • Alter • Familienstand •
Geburtsort • Heimatland •
Telefonnummer • Wohnort

Strategien

Verstehen Sie? / Verstehst du?
Na ja, ...
Ach, ...
Ja, genau.
Ah, ja.

3 Einkauf

FOLGE 3: *KENNEN SIE FAN-FIT?*

1 Sehen Sie die Fotos an. Wo ist Niko?
☐ In Brunos Obst- und Gemüseladen. ☒ Im Supermarkt.

2 Zeigen Sie. Wo ist …?
Joghurt ● ein Apfel ● Salz ● eine Banane

3 Sehen Sie die Fotos an und hören Sie.

Sahne	0,59		Joghurt	0,39
Rindfleisch	4,98		fan-fit	2,00
Landbrot	1,52		Äpfel	1,98
Mineralwasser	0,98		Bananen	1,29
Salz	0,55			5,66
	8,62			

4 Was kauft Niko? Kreuzen Sie an.

5 Was hören Sie? Kreuzen Sie an.

a Kennen Sie schon *fan-fit*? ☒
b *fan-fit* ist ein neues Getränk für Sportler. ☒
c Das ist ein Apfel. ☐
d Ich brauche Salz. ☒
e Ich möchte eine Flasche *fan-fit*. ☐

6 Richtig oder falsch? Kreuzen Sie an.

		richtig	falsch
a	Niko braucht Joghurt.	☒	☐
b	Niko braucht Salz.	☒	☐
c	Niko kennt *fan-fit*.	☐	☐
d	Niko kauft *fan-fit*.	☐	☒

fünfundzwanzig 25 LEKTION 3

3 A Kennen Sie schon *fan-fit*?

A1 Ordnen Sie zu.

A
Joghurt
Tee
Reis
Gemüse
Bier

B
Sahne
Fleisch
Brot
Mineralwasser
Salz

C
Milch
Käse
Wein
Fisch
Obst

Bild	1	2	3
Text			

A2 Hören Sie und variieren Sie.

▲ Kennen Sie schon *fan-fit*?
● Nein, was ist das?
▲ Das ist Saft.

Varianten:
Bergquell – Wasser ● Obsttraum – Joghurt ●
Kristall – Salz

Kennen Sie *fan-fit*?   Ja.
                            Nein.
Was ist das?   Das ist **Saft**.

A3 Sehen Sie das Bild an. Fragen Sie und antworten Sie.

■ Haben wir noch | Milch?   ◆ Ja.
  Brauchen wir | Reis?   Nein.

Obst ● Gemüse ● Brot ● Reis
Käse ● Milch ● Sahne ● Fleisch
Tee ● Wasser ● Wein ● Salz ● Bier

A4 Spiel: Ihr Einkauf

Iwan braucht Reis, Salz und … . Er hat Obst, … .
Sandra braucht Fleisch, Fisch, … . Sie hat Bier, Käse, Wein, … .
Hassan braucht … . Er hat … .

Sandra, ich brauche Reis. Hast du Reis?
Nein, tut mir Leid.
Hassan, hast du Reis?
Ja, hier bitte.

Das ist doch **keine** Sahne. B 3

B1 Hören Sie und ergänzen Sie.

ein ● eine ● ~~keine~~ ● ein ● keine

▲ Das ist doch _keine_ Sahne, oder?
Nein, das ist _ein_ Joghurt.

▲ Ist das _eine_ Tomate?
◆ Nein, das ist _keine_ Tomate.
Das ist _ein_ Apfel. (m)

(m) ein Apfel → kein Apfel
ein Ei → kein Ei
(f) eine Tomate → keine Tomate

B2 Hören Sie und variieren Sie.

■ Wie heißt das auf Deutsch?
◆ Apfel.
■ Wie bitte?
◆ Apfel. Das ist ein Apfel.

■ Und das? Was ist das?
◆ Das ist eine Tomate.

Varianten:

ein Ei   eine Kartoffel   eine Banane   eine Orange   ein Kuchen   ein Brötchen

B3 Ergänzen Sie.

a
Das ist kein Apfel.
Das ist _eine Tomate_.

b
Das ist keine Tomate.
Das ist _eine Orange_.

c
Das ist keine Kartoffel.
Das ist _ein Brötchen_.

d
Das ist kein Ei.
Das ist _eine Kartoffel_.

e
Das ist kein Brötchen.
Das ist _ein Kuchen_. marmorkuchen

f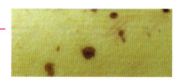
Das ist keine Kartoffel.
Das ist _eine Banane_.

B4 Rätsel: Was ist das?

Ist das eine Tomate?   Ja, vielleicht.   Nein, das ist keine Tomate. Das ist ein Apfel.

a   b gelbepaprika   c   d   e

siebenundzwanzig 27 LEKTION 3

3 C Vier **Flaschen** kosten 7,10 Euro.

C1 Hören Sie und ergänzen Sie.

Apfel • Brötchen • Äpfel • Flaschen • Brot

Eine Flasche *fan-fit* kostet 2 €.
Vier ....*Flaschen*.... kosten nur 7,10 €.

1 € = ein Euro
0,10 € = zehn Cent
1,10 € = ein Euro zehn

Ein ....*Apfel*.... kostet heute 0,10 €.
Zwölf ....*Äpfel*.... kosten nur 1 €.

Sechs ....*Brötchen*.... kosten nur 1,10 €.
Ein ....*Brot*.... kostet nur 2,20 €.

C2 Ordnen Sie zu.

Äpfel • Orangen • Brötchen • Eier • Bananen
Tomaten

Im Korb sind	Im Korb sind **keine**
Äpfel	Brötchen
...	...

ein Apfel → Äpfel
ein Ei → Eier
ein Brötchen → Brötchen
eine Tomate → Tomaten

kein Apfel → keine Äpfel
kein Ei → keine Eier
keine Tomate → keine Tomaten

C3 Suchen Sie im Wörterbuch und ergänzen Sie.

a ein Fisch   viele *Fische*
b ein Joghurt   viele *Joghurts*
c ein Brot   viele *Brote*
d ein Kuchen   viele *Kuchen*
e ein Saft   viele *Säfte*

der Fisch [fiʃ]; -[e]s, -e: 1.
(Zoo) ein Tier mit Flossen,
Kiemen und Schuppen,
das im Wasser lebt

Auf Bild A sind drei Flaschen *fan-fit*,
auf Bild B sind zwei Flaschen *fan-fit*.

C4 Suchbild: Sprechen Sie.

A

B

achtundzwanzig 28 LEKTION 3

Gewichte und Maßeinheiten D 3

D1 Zahlen: Hören Sie und ordnen Sie zu.

a 0,20 € — dreißig Cent   f 0,70 € — siebzig Cent
b 0,30 € — sechzig Cent   g 0,80 € — hundert Cent / ein Euro
c 0,40 € — zwanzig Cent   h 0,90 € — achtzig Cent
d 0,50 € — fünfzig Cent   i 1,00 € — neunzig Cent
e 0,60 € — vierzig Cent

80 achtzig
85 fünfundachtzig
21 einundzwanzig

D2 Wie viel kostet …? Hören Sie und kreuzen Sie an.

a ☒ Brötchen: 0,85 €   ☐ Brötchen: 0,80 €   ☐ Brötchen: 0,40 €
b ☒ Bananen: 0,99 €   ☐ Bananen: 1,99 €   ☐ Bananen: 2,99 €
c ☐ Mineralwasser: 0,20 €   ☐ Mineralwasser: 0,40 €   ☒ Mineralwasser: 0,42 €
d ☐ Obst: 0,89 €   ☒ Obst: 0,21 €   ☐ Obst: 0,98 €

D3 Sehen Sie den Prospekt an. Fragen Sie und antworten Sie.

▲ Was kosten 100 Gramm Käse?
● 100 Gramm Käse kosten …
▲ Wie viel kostet ein Kilo Rindfleisch?
● …

1 kg = ein Kilo   eine Flasche Saft
100 g = 100 Gramm   eine Packung Tee
500 g = ein Pfund   eine Dose Tomaten
1 l   = ein Liter   ein Becher Joghurt

Was kostet …? = Wie viel kostet …? (Sg)
Was kosten …? = Wie viel kosten …? (Pl)

neunundzwanzig 29 LEKTION 3

3 E Lebensmittel einkaufen

E1 Wer sagt das? Hören Sie und kreuzen Sie an.

Kundin — Verkäuferin

		Verkäuferin	Kundin
a	Bitte schön?	✗	
b	Ein Kilo Kartoffeln, bitte.		✗
c	Sonst noch etwas?	✗	
d	Ich brauche ein Pfund Äpfel.		✗
e	Haben Sie Bananen?		✗
f	Ja. Möchten Sie Bananen?	✗	
g	Was kostet ein Kilo?		✗
h	1 Euro 69.	✗	
i	Nein, danke. Das ist alles.		✗
j	Das macht dann 2 Euro 38.	✗	

E2 Schreiben Sie ein Gespräch.

Verkäuferin
Bitte schön?
Kann ich Ihnen helfen?
Was/Wie viel möchten Sie?
(Möchten Sie) sonst noch etwas?
Wir haben kein(e) ... mehr.
(Das macht dann) ... Euro ...

ich	möchte
du	möchtest
er/sie	möchte
wir	möchten
ihr	möchtet
sie/Sie	möchten

Kunde/Kundin
Ich möchte   ein Kilo Äpfel.
Ich hätte gern   ein Pfund Salz.
Ich brauche   zwei, drei Brötchen.
...

Haben Sie   Eier?
Wo finde ich   Salz?
                     ...

Was kostet ein Kilo Tomaten?
Wie viel kostet ein Liter Milch?
Was kosten 100 g Rindfleisch?
...

Ein Kilo. / Ein Pfund. / Zwei, drei, vier ...
Ja, bitte. / Nein, danke. Das ist alles.

E3 Rollenspiel: Spielen Sie Gespräche.

In der Bäckerei
Verkäufer/Verkäuferin
Ein Brötchen kostet 18 Cent.

In der Bäckerei
Kunde/Kundin
Sie möchten 10 Brötchen kaufen.

Im Obstladen
Verkäufer/Verkäuferin
1 Kilo Tomaten kostet 1,99 €.
Sie haben keine Orangen mehr.

Im Obstladen
Kunde/Kundin
Sie möchten 1 Kilo Tomaten und 6 Orangen kaufen.

In der Metzgerei
Verkäufer/Verkäuferin
1 Kilo Fleisch kostet 4,69 €,
1 Kilo Fisch kostet 5,19 €.

In der Metzgerei
Kunde/Kundin
Sie möchten 1 Kilo Fleisch und 1 Kilo Fisch kaufen.

dreißig 30 LEKTION 3

Grammatik

1 Ja-/Nein-Frage

Frage			Antwort
Position 1			
Kennen	Sie	*fan-fit*?	**Ja.**
Brauchen	wir	Salz?	**Nein.**

2 Fragen: Ja-/Nein-Frage und W-Frage

Frage			Antwort
	Position 2		
Was	**brauchen**	Sie?	Salz.
Brauchen	Sie	Salz?	**Ja./Nein.**

3 Artikel: unbestimmter Artikel und Negativartikel

			unbestimmter Artikel	Negativartikel
Singular	maskulin	Das ist	ein Apfel.	kein Apfel.
	neutral	Das ist	ein Ei.	kein Ei.
	feminin	Das ist	eine Tomate.	keine Tomate.
Plural		Das sind	– Tomaten.	keine Tomaten.

4 Nomen: Singular und Plural

Singular	Plural	Singular	Plural
ein Apfel	– Äpfel	kein Apfel	keine Äpfel
ein Ei	– Eier	kein Ei	keine Eier
ein Brötchen	– Brötchen		
eine Tomate	– Tomaten	keine Tomate	keine Tomaten
ein Joghurt	– Joghurts		

5 Verb: Konjugation

	„möchten"
ich	möchte
du	möchtest
er/sie	möchte
wir	möchten
ihr	möchtet
sie/Sie	möchten

Wichtige Wörter und Wendungen

Lebensmittel: Apfel, Kuchen, Reis ...

ein Apfel – Äpfel • eine Banane – Bananen •
ein Brot – Brote • ein Brötchen – Brötchen •
ein Ei – Eier • ein Getränk – Getränke •
ein Joghurt – Joghurts • eine Kartoffel – Kartoffeln •
ein Kuchen – Kuchen • eine Orange – Orangen •
eine Tomate – Tomaten

Bier • Fisch • Fleisch • Gemüse • Kaffee • Käse •
Milch • (Mineral)Wasser • Obst • Reis • Sahne • Saft •
Salz • Schokolade • Tee • Wurst • Wein

Nachfragen: Auf Deutsch?

Was ist das? – Das ist ein Apfel.
Das ist doch kein Apfel.
Ist das ein Apfel? – Ja./Nein.
Wie heißt das auf Deutsch? – Apfel.
Kennen Sie schon *fan-fit*? – Nein. Was ist das?

Beim Einkaufen: Fragen und Antworten

Bitte schön?
Kann ich Ihnen helfen?
Was / Wie viel möchten Sie?
Wir haben kein(e) ... mehr.
(Möchten Sie) sonst noch etwas?

Ich möchte | ein Pfund Salz.
Ich hätte gern |
Ich brauche |

Wo finde ich Salz? / Haben Sie Salz?
Was / Wie viel kostet ein Kilo Tomaten?
Ja, bitte. / Nein, danke. Das ist alles.

Mengenangaben: Wie viel möchten Sie?

Wie viel möchten Sie? – Ein Kilo.

ein Becher Joghurt • eine Dose Tomaten •
ein Kilo Tomaten • ein Pfund Salz •
eine Flasche Wein • 100 Gramm Käse •
ein Liter Milch • eine Packung Tee

Preise: Was kostet das?

Wie viel kostet / Was kostet ein Pfund
Rindfleisch? – Das macht / Das kostet
2 Euro 60. 100 Gramm Käse kosten
1 Euro 10.

0,10 € = zehn Cent
1,00 € = ein Euro
1,10 € = ein Euro zehn

Strategien

Wie bitte?
Ja, vielleicht. *maybe*
Ja, bitte.
Nein, danke.

4 Meine Wohnung

FOLGE 4: *SARA HAT HUNGER*

1 Zeigen Sie.
ein Haus ● ein Bad ● ein Zimmer ● eine Wohnung

2 Groß oder klein? Zeigen Sie.

3 Sehen Sie die Fotos an und hören Sie.

4 Was passt? Kreuzen Sie an.

	Foto							
	1	2	3	4	5	6	7	8
a								
b			x					
c								
d				x				
e								x

a Ist es nicht besser, wir sagen „Du"?
b Papa, ich habe Hunger. Und ich habe Durst.
c Wie gefällt Ihnen die Wohnung?
d Das Bad ist dort. Aber Vorsicht! Es ist auch sehr klein.
e Borschtsch schmeckt total gut!

5 Hören Sie noch einmal und ergänzen Sie.

Niko sagt: Herr Schneider, Frau Schneider: ......_sie_......
Tina, Bruno: ....

dreiunddreißig 33 LEKTION 4

4 A Das Bad ist dort.

A1 Hören Sie noch einmal und variieren Sie.

■ Wo ist denn das Bad?
◆ Das Bad ist dort. *there*

Varianten: hier

der	das	die
Balkon	Bad	Küche
Flur	Wohnzimmer	Toilette

A2 Hören Sie und variieren Sie.

▲ Sagen Sie mal, ist hier auch eine Küche?
● Ja, natürlich. Die Küche ist dort.
◆ Und was ist das? Das Bad?
● Nein, das ist nicht das Bad.
 Das ist die Toilette!

Wo?	Hier.
	Dort.

Varianten:
der Balkon – das Schlafzimmer – das Kinderzimmer ●
das Bad – das Wohnzimmer – das Schlafzimmer

ein Balkon → der Balkon
ein Bad → das Bad
ein**e** Küche → di**e** Küche

A3 Meine Wohnung: Zeichnen Sie und sprechen Sie.

Das ist meine Wohnung.
Das ist die Küche.
Das Bad ist hier.
Das Wohnzimmer ist …

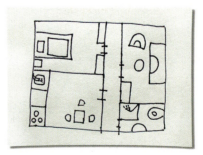

vierunddreißig 34 LEKTION 4

Das Zimmer ist **nicht** groß. –
Stimmt, **es** ist sehr klein.

B 4

B1 Ordnen Sie. Hören Sie dann und vergleichen Sie.

- [✓] Stimmt, es ist sehr klein.
- [1] Na? Wie gefällt Ihnen die Wohnung?
- [3] Das Zimmer ist nicht groß.
- [2] Ganz gut. Und was meinst du, Bruno?

B2 Vergleichen Sie.

A

B

Haus A:
Das Haus ist billig.
Das Haus ist nicht …
Das Haus ist sehr …
…

Haus B:
Das Haus ist teuer.
Das Haus ist nicht …
…

neu	alt
billig	teuer
groß	klein
breit	schmal
schön	hässlich
hell	dunkel

B3 Hören Sie und variieren Sie.

▲ Wie gefällt Ihnen das Bad?
● Das Bad? Es ist sehr klein.
▲ Was? Das Bad ist doch nicht klein.
  Es ist groß.

Das Bad ist | klein.
            | **sehr** klein.
            | **nicht** klein.

da**s** Bad → **es**
de**r** Balkon → **er**
di**e** Wohnung → **sie**

Varianten:
die Küche – sie – alt – neu ● der Balkon – er – schmal – breit ●
die Wohnung – sie – teuer – billig ● das Wohnzimmer – es – hässlich – schön

B4 Satz-Puzzle: Machen Sie Sätze.

4 C Ich habe nicht viele **Möbel**.

C1 Was ist was? Ordnen Sie zu.

der Herd ● der Schrank ● der Kühlschrank ● das Sofa ● der Tisch ●
der Stuhl ● das Bett ● der Fernseher ● die Waschmaschine ● die Dusche ●
die Lampe ● die Badewanne ● das Waschbecken

die **Möbel**

- [7] der Schrank
- [5] das Sofa
- [3] der Tisch
- [4] das Bett
- [2] der Stuhl

die **Elektrogeräte**

- [6] der Herd
- [8] der Kühlschrank
- [7] die Waschmaschine
- [9] der Fernseher
- [10] die Lampe

Das sind möbel

das Bad

- [11] die Dusche
- [13] das Waschbecken
- [12] die Badewanne

C2 Sehen Sie das Bild oben an und sprechen Sie.

der Stuhl →	die	Stühle
der Schrank	zwei	Schränke
der Tisch		Tische
die Lampe		Lampen
das Bett		Betten
das Sofa		Sofas
		Möbel

das Möbelstück

- Wie gefallen Ihnen die Stühle?
- Gut. Sie sind sehr schön.

☺ sehr gut / gut
Pretty 😐 ganz gut / es geht
☹ nicht so gut

gar nicht / überhaupt

- Wie gefällt Ihnen der Herd hier?
- Nicht so gut. Er ist hässlich.

Wie gefällt Ihnen **der** Schrank?
Wie gefallen Ihnen **die** Schränke?

C3 Rätsel: Was ist das?

Suchen Sie und zeigen Sie auf dem Bild oben.

- Was ist das? Sie sind breit und gelb.
- Ich glaube, das sind die Stühle hier.

Farben

schwarz   weiß
grau   rot
blau   gelb
grün   braun

Was kostet denn die Wohnung? – **650 Euro** im Monat.

D1 Hören Sie noch einmal und ergänzen Sie.

- Was kostet denn die _Wohnung_?
- Sie ist nicht _billig_: 650 Euro im Monat.
- Das ist aber _teuer_!

D2 Hören Sie und sprechen Sie nach.

100 hundert	200 zweihundert	300 dreihundert	400 vierhundert	500 fünfhundert
600 sechshundert	700 siebenhundert	800 achthundert	900 neunhundert	1.000 tausend
10.000 zehntausend	100.000 hunderttausend	1.000.000 eine Million		

D3 Welche Zahlen hören Sie? Kreuzen Sie an.

- a ☒ 100   ☐ 110
- b ☐ 2255   ☒ 2055
- c ☐ 240   ☒ 340
- d ☒ 6973   ☐ 7972
- e ☐ 89000   ☒ 88000
- f ☐ 160000   ☒ 600000

D4 Diktieren Sie Zahlen und schreiben Sie.

1 qm / 1 m² = ein Quadratmeter

D5 Was kosten die Wohnungen? Markieren Sie die Mietpreise.

Mietmarkt

a !!Suche 2-Zi-Wohnung bis 1000,– €, Westbalkon, Duisburg-Nord, Tel. 0175/657 80 57 37!!

b Super: 3-Zimmer-Wohnung, 13. Stock, ca. 60 m², Küche, Bad, von privat, 550 Euro, 08161/88 75 80, ab 19 Uhr

c 1-Zi-Wohnung, möbliert, Balkon, TV, Kühlschrank etc., 588,– € + Garage, Tel. 0179/201 45 93

d Mann (35) sucht Wohnung für 1 Jahr, Bochum Süd, Tel. 0179/ 770 22 61

e Apartment, 36 m², großer Wohnraum, neue Küche, 440,– €, Nebenkosten 60,– €, 3 Monatsmieten Kaution, Tel. 23 75 95

D6 Sie suchen eine Wohnung. Welche Anzeige passt?

- a Sie haben keine Familie und Sie haben keine Möbel. _Anzeige c_
- b Sie möchten nur 400 bis 500 Euro Miete bezahlen. _e_
- c Sie möchten eine Wohnung mit Balkon mieten. _a_
- d Sie brauchen drei Zimmer. _b_

4 E Kleinanzeigen

E1 Sehen Sie das Bild an. Was meinen Sie: wer kauft, wer verkauft?

E2 Hören Sie und kreuzen Sie an.

a) Wer verkauft etwas? ☐ Frau Baumann ☒ Herr Welker ☐ Paul Heyse
b) Was verkauft sie/er? ☒ Computertisch ☐ Computer ☐ Schreibtisch

E3 Hören Sie noch einmal und ergänzen Sie.

Computertisch – groß, sehr guter Zustand, 60,– €, Tel. 0911/83 81 29

1 Meter = 100 Zentimeter
1 m = 100 cm

Welker.

— Guten Abend, hier ist Monika Baumann. Ist der ...computertisch... aus der Anzeige noch da?

Ja.

— Wie ...groß... ist er denn?

Ungefähr zwei Meter lang und sechzig Zentimeter breit.

— Prima. Und er kostet ...60 €..., richtig?

Ja, genau.

— Wo wohnen Sie denn?

In der Paul-Heyse-Straße 41.

— Ist das in der Stadt?

Ja, am Hauptbahnhof.

— Aha, gut. Sind Sie heute zu Hause?

Ja, ich bin da.

— Gut, dann komme ich gleich. In Ordnung?

Ja, gern. Danke für den Anruf.

E4 Schreiben Sie ein Telefongespräch wie oben. Spielen Sie die Gespräche.

Sofa
Preis: 150 €
Tel: 97 35 63

Fernseher
wie neu, Tel: 71 49 37

Kühlschrank
gebraucht, Marke Bosch
Handy: 0174/335 78 65

Guten Abend. Ist ... noch da? — Ja. / Nein.
Wie groß/alt/breit/hoch ... ist es/er denn? — Ungefähr ... Zentimeter/Meter breit / ...
Ungefähr ein Jahr / zwei Jahre alt.
Was kostet es/er denn? — ... Euro.
Wo wohnen Sie denn? — In der ...straße.
Sind Sie heute zu Hause? — Ja, ich bin da. / Nein, ich bin nicht da.

Grammatik

1 Artikel

Singular		bestimmter Artikel
maskulin	Hier ist	**der** Balkon.
neutral	Hier ist	**das** Bad.
feminin	Hier ist	**die** Küche.
Plural	Hier sind	**die** Kinderzimmer.

2 Personalpronomen

Singular		Personalpronomen
maskulin	Der Balkon?	**Er** ist dort.
neutral	Das Bad?	**Es** ist dort.
feminin	Die Küche?	**Sie** ist dort.
Plural	Die Kinderzimmer?	**Sie** sind dort.

3 Negation

Der Stuhl ist **nicht** schön.

Das ist doch **kein** Stuhl. Das ist ein Sofa.

4 Nomen: Wortbildung

der Schrank: **der** Kühl**schrank**
das Zimmer: **das** Wohn**zimmer**
die Maschine: **die** Wasch**maschine**

Wichtige Wörter und Wendungen

Nach dem Ort fragen: Wo ist … ?

Wo ist das Bad? Hier./Dort.
Ist hier auch ein Bad? Ja. Dort.
Das Bad ist hier.

Gefallen/Missfallen: Wie gefällt Ihnen … ?

Wie gefallen Ihnen die Stühle?
Wie gefällt Ihnen die Wohnung?
Sehr gut. • Gut. • Ganz gut. •
Es geht. • Nicht so gut.

Zustimmung

Er kostet 60 Euro, richtig? –
Ja, genau. • (Das) stimmt. • Ja, richtig.

Farben

blau • braun • gelb • grau • grün •
rot • schwarz • weiß

Beschreiben: Wie …?

Wie ist das Bad? – Es ist groß /
nicht groß / sehr groß.
Wie groß ist der Tisch? –
Ungefähr zwei Meter breit.
Wie alt ist der Tisch? –
Ungefähr zwei Jahre alt.
alt • billig • breit • dunkel •
groß • hässlich • hell •
hoch • klein • kurz • lang •
neu • schmal • schön • teuer

Haus / Wohnung

das Bad – die Bäder • der Balkon – die Balkone •
der Flur – die Flure • die Garage – die Garagen •
das Kinderzimmer – die Kinderzimmer • die Küche –
die Küchen • das Schlafzimmer – die Schlafzimmer •
der Stock – die Stockwerke • die Toilette –
die Toiletten • das Wohnzimmer – die Wohnzimmer •
das Zimmer – die Zimmer

In der Wohnung: Möbel, Elektrogeräte, Bad

die Badewanne – die Badewannen •
das Bett – die Betten • die Dusche – die Duschen •
der Fernseher – die Fernseher •
der Herd – die Herde •
der Kühlschrank – die Kühlschränke •
die Lampe – die Lampen •
der Schrank – die Schränke • das Sofa – die Sofas •
der Stuhl – die Stühle • der Tisch – die Tische •
das Waschbecken – die Waschbecken •
die Waschmaschine – die Waschmaschinen

Eine Wohnung suchen

die Kaution • die Miete •
mieten • die Monatsmiete •
möbliert • die Nebenkosten •
2-Zimmer-Wohnung •
60 m² (= Quadratmeter) •
von privat

Strategien

Vorsicht!
Na?
Sagen Sie mal, …
In Ordnung?

5 Mein Tag

FOLGE 5: *NUR EIN SPIEL!*

1   Sehen Sie die Fotos an.
    Was meinen Sie?
    Wer ist müde?

2   Was ist richtig? Kreuzen Sie an.

    ☐ Bruno spielt mit Tina.
    ☐ Bruno und Tina spielen mit Sara.
    ☒ Sara spielt mit Schnuffi und Poppel.

3   Sehen Sie die Fotos an und hören Sie.

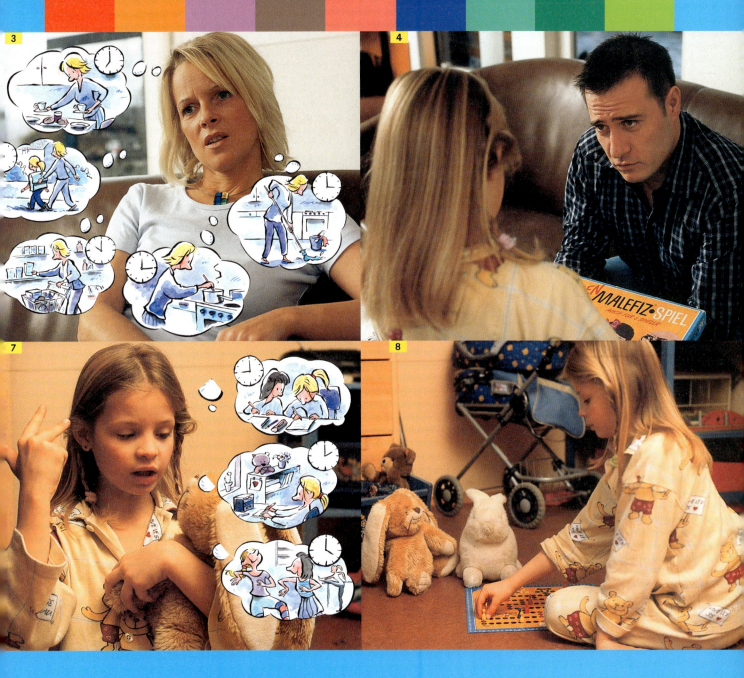

4 Was passt? Ordnen Sie zu.

- C Ich kaufe im Supermarkt ein.
- E Am Nachmittag mache ich Hausaufgaben.
- F Ich stehe von Montag bis Freitag um 5 Uhr auf.
- D Am Morgen mache ich das Frühstück.
- A Von 7 Uhr morgens bis 7 Uhr abends arbeite ich im Laden.
- B Ich bin am Vormittag in der Schule.

5 A Es ist schon neun Uhr.

A1 Hören Sie noch einmal und variieren Sie.

▲ Bitte Mama, nur ein Spiel!
● Nein, heute nicht mehr.
  Es ist schon neun Uhr.
▲ Ach bitte! ↓ already

Varianten:

8 Uhr   halb 10   Viertel nach 9   Viertel vor 10

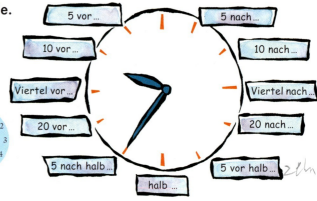

5 vor... / 5 nach... / 10 vor... / 10 nach... / Viertel vor... / Viertel nach... / 20 vor... / 20 nach... / 5 nach halb... / halb... / 5 vor halb... zehn

A2 Hören Sie und ordnen Sie zu.

A   B   C   D

Text	1	2	3	4
Bild	A			

Man schreibt:	Man sagt:
01.00 Uhr / 13.00 Uhr	ein Uhr / eins
01.15 Uhr / 13.15 Uhr	Viertel nach eins
01.30 Uhr / 13.30 Uhr	halb zwei
01.45 Uhr / 13.45 Uhr	Viertel vor zwei

A3 Hören Sie noch einmal und schreiben Sie die Uhrzeit.

zwanzig nach sieben.   5 vor zwölf   5 vor halb 1   10 vor 4

A4 Wie spät ist es? Schreiben Sie.

a 7.04 Uhr   kurz nach sieben
b 6.57 Uhr   ....
c 11.02 Uhr ....
d 8.59 Uhr   ....

9.58 Uhr = (Es ist) **kurz vor** zehn / **gleich** zehn.
10.02 Uhr = (Es ist) **kurz nach** zehn.

A5 Zeichnen Sie und fragen Sie.

Wie spät ist es?   Es ist fünf vor halb eins.

Ich **räume** die Wohnung **auf**. B 5

B1 Ordnen Sie zu.

Bruno steht früh auf. • Tina macht das Frühstück. • Bruno arbeitet. • Sara ruft Niko an. • Sara spielt. • Tina kauft im Supermarkt ein. • Tina räumt die Wohnung auf. • Tina kocht das Mittagessen. • Bruno sieht fern.

auf|stehen
Bruno **steht** früh **auf**.
ein|kaufen
Tina **kauft** im Supermarkt **ein**.

B2 Was macht Frau Bond? Hören Sie und sprechen Sie.

Frau Bond steht auf. Sie …

| ich | sehe | fern | ich | arbeite |
| er/sie | s**ie**ht | fern | er/sie | arbei**t**et |

B3 Fragen Sie Ihre Partnerin / Ihren Partner.

früh auf|stehen • die Wohnung auf|räumen • fern|sehen • kochen • Fußball spielen • arbeiten • meine Eltern an|rufen • ein|kaufen • …

▲ Was machst du gern?
● Ich koche gern und ich kaufe gern ein.
▲ Aha, und was machst du nicht gern?
● Ich sehe nicht gern fern.

gern   nicht gern

B4 Sprechen Sie über Ihre Partnerin / Ihren Partner.

dreiundvierzig 43 LEKTION 5

5 C Ich stehe **von** Montag **bis** Freitag **um** fünf Uhr auf.

C1 Hören Sie und ergänzen Sie.

Bruno steht von _Montag_ bis _Freitag_ um _7 Uhr_ auf.

Tina steht am _Sonntag_ um zehn Uhr auf.

Sara steht am _Samstag_ spät auf, erst um _9:30_.

Der März
12 Montag
13 Dienstag
14 Mittwoch
15 Donnerstag
16 Freitag
März
17 Samstag
März
18 Sonntag

C2 Hören Sie und variieren Sie.

▲ Haben Sie am Samstag Zeit?
● Ja. Warum?
▲ Ich habe Geburtstag und mache eine Party. Kommen Sie auch?
● Ja, gerne. Wann fängt die Party denn an?
▲ Um sieben Uhr.

Varianten:
Sonntag – halb vier • Freitag – halb acht • Samstag – neun Uhr

Wann...? **Am** Sonntag.
Um 8 Uhr.

C3 Hören Sie und kreuzen Sie an.

Der Intensivkurs ist ☐ von neun bis zwölf Uhr.
☐ von acht bis zwölf Uhr.

Der Abendkurs ist ☐ am Montag und Freitag.
☐ am Montag und Mittwoch.

Der Abendkurs ist ☐ von sechs bis halb neun.
☐ von sechs bis halb acht.

Wann...? **Von** Montag **bis** Freitag.
Von neun **bis** zwölf Uhr.

C4 Valentinas Woche: Schreiben Sie und sprechen Sie.

Mo	Di	Mi	Do	Fr	Sa
14-15 Uhr Hausaufgaben machen	16-18 Uhr Hausaufgaben machen	16-18 Uhr Hausaufgaben machen	14-16 Uhr einkaufen mit Daniela	17 Uhr Zimmer aufräumen	11 Uhr Hannes kommt!!!
15.30 Uhr Fußball spielen mit Thomas		19.30 Uhr Hannes anrufen			

Montag: Valentina macht von zwei bis drei Uhr Hausaufgaben.

C5 Im Kurs: Fragen Sie Ihre Partnerin / Ihren Partner.

Wann gehen Sie am Montag ins Bett? — Um 11 Uhr. — Und wann stehen Sie auf?

Tageszeiten D 5

am Morgen   am Vormittag   am Mittag   am Nachmittag   am Abend   in der Nacht

D1 Hören Sie das Gespräch. Ordnen Sie dann zu: Was macht Robert wirklich?

Pizza essen • Sofia anrufen • ins Kino gehen • Musik hören • spazieren gehen • fernsehen

- Robert, wann kommst du morgen?
- Ach, Mama, ich komme nicht. Ich habe keine Zeit. Morgen arbeite ich den ganzen Tag. Am Abend kaufe ich noch ein und habe Englischkurs.

A Musik hören

B ....

C ....

D ....

E ....

F ....

D2 Was macht Robert wann? Sprechen Sie.

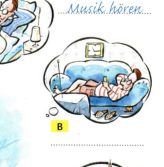

Robert hört	am Morgen	Musik.
Robert sieht	am Vormittag	
Robert ...	am Mittag	
...	am Nachmittag	
	am Abend	ich esse
	in der Nacht	er/sie isst

D3 Schreiben Sie.

Am Morgen hört Robert Musik.   Am Nachmittag ...
Am Vormittag ...   Am Abend ...
Am Mittag ...   In der Nacht ...

Robert   **hört** *am Morgen* Musik.
   =
Am Morgen   **hört** Robert Musik.

D4 Ihr Tag: Erzählen Sie.

Ich stehe jeden Morgen um sieben Uhr auf.
Um ... frühstücke ich.
Von ... bis ...

Montag bis Sonntag = jeden Tag
auch so: jeden Morgen
jeden Abend
jede Nacht

fünfundvierzig 45 LEKTION 5

5 E Öffnungszeiten

E1 Wann ist geöffnet? Lesen Sie die Schilder und markieren Sie.

A

Arztpraxis
Frau Dr. Annette Krönke

Sprechstunde
Montag bis Donnerstag
8.30 bis 16.30 Uhr,
Freitag 9.00 bis 12.00 Uhr

B

Fitness-Studio Outfit

Öffnungszeiten:
Mo bis Fr 9.30 bis 23.00 Uhr
Sa 9.00 bis 16.00 Uhr
So 9.00 bis 12.30 Uhr

C

Arbeitsamt

Geschäftszeiten
Mo – Mi 8.00 – 16.00 Uhr
Do   7.30 – 18.00 Uhr
Fr   8.00 – 13.30 Uhr

D

Friseursalon Erna

geöffnet:
Di–Fr, 9 – 18.30 Uhr
Sa 8 – 13 Uhr

E2 Hören Sie und ordnen Sie zu.

Ansage	1	2	3	4
Schild	B			

E3 Hören Sie und ergänzen Sie.

Touristeninformation der Hansestadt Hamburg

Öffnungszeiten: Mo– ⬛ 9.00 – ⬛ Uhr
⬛ 1 ⬛ – ⬛ Uhr
Sa 8.00 – ⬛ Uhr

Öffnungszeiten:
Mo– Fr : 9.00 – .... Uhr
1.......... – .... Uhr
Sa: 8.00 – .... Uhr

offiziell (Bahnhof, Arbeitsamt, Kino, Nachrichten …):	privat (Familie, Freunde):
14:30 vierzehn Uhr dreißig	halb drei
14:45 vierzehn Uhr fünfundvierzig	Viertel vor drei

E4 Ordnen Sie zu.

	offiziell		privat
a	zwölf Uhr fünf	20:50	zehn vor neun
b	zwanzig Uhr fünfzig	23:15	halb sieben
c	achtzehn Uhr dreißig	10:35	zwanzig vor elf
d	zweiundzwanzig Uhr vierzig	12:05	Viertel nach elf
e	dreiundzwanzig Uhr fünfzehn	18:30	fünf nach halb elf
f	zehn Uhr fünfunddreißig	22:40	fünf nach zwölf

Grammatik

1 Trennbare Verben

auf⁀räumen ➔ Tina räumt **auf**.
auf⁀stehen ➔ Bruno steht **auf**.
ein⁀kaufen ➔ Sara kauft **ein**.

2 Trennbare Verben im Satz

	Position 2		Ende
Tina	**räumt**	die Wohnung	**auf**.
Bruno	**steht**	jeden Tag um 5 Uhr	**auf**.
Sara	**kauft**	mit Tina	**ein**.

3 Temporale Präpositionen

Wann gehen Sie zum Deutschkurs?

Am Morgen. ➔ Tageszeit
aber: **in der** Nacht

Am Montag. ➔ Tag
Um Viertel vor/nach acht. ➔ Uhrzeit
Von Montag **bis** Freitag.

4 Verb: Konjugation

	arbeiten	fernsehen	essen
ich	arbeit**e**	sehe fern	**esse**
du	arbeit**est**	**siehst** fern	**isst**
er/es/sie	arbeit**et**	**sieht** fern	**isst**
wir	arbeit**en**	sehen fern	essen
ihr	arbeit**et**	seht fern	esst
sie/Sie	arbeit**en**	sehen fern.	essen

5 Verb: Position im Hauptsatz

	Position 2	
Robert	hört	*am Morgen* Musik.
Am Morgen	hört	Robert Musik.

Wichtige Wörter und Wendungen

Uhrzeit: Wie spät ist es?

Wie spät ist es? –
(Es ist) achtzehn Uhr dreißig. /
Es ist halb 7.

Öffnungszeiten: (Von wann bis) wann ist geöffnet?

Wann ist die Praxis geöffnet? –
Von 8 Uhr 30 bis 16 Uhr 30.

der Tag: der Morgen, ...

der Morgen • der Vormittag •
der Mittag • der Nachmittag •
der Abend • die Nacht

die Woche: Montag, ...

der Montag • der Dienstag •
der Mittwoch • der Donnerstag •
der Freitag • der Samstag •
der Sonntag

jeden Montag/jeden Morgen
den ganzen Tag

Tagesablauf: Aktivitäten

an|rufen • arbeiten • auf|räumen • auf|stehen •
ein|kaufen • essen • fern|sehen • Frühstück machen •
(Fußball) spielen • Hausaufgaben machen •
kochen • Musik hören • spazieren gehen •
in die Schule/ins Bett/zum Deutschkurs gehen

Vorlieben: Was machst du (nicht) gern?

Ich koche gern.
Ich arbeite nicht gern.

Verabredung: Haben Sie Zeit?

Haben Sie am Samstag Zeit? –
Ja. Warum? / Nein, ich habe keine Zeit.
Kommen Sie auch? – Ja, gerne. Wann denn?

Strategien

Aha!
Ja, gern(e).

6 Freizeit

FOLGE 6: *GRILL-COLA*

1 Sehen Sie die Fotos an. Kreuzen Sie an.

a Was macht die Familie?
☐ Eine Party. ☐ Ein Picknick.

b Wo ist die Familie?
☐ Im Park. ☐ Im Garten.

c Wie ist das Wetter?
☐ Die Sonne scheint. ☐ Es regnet.

2 Zeigen Sie: Wo ist … ?
Kohle ● Cola

3 Sehen Sie die Fotos an und hören Sie.

4 Was ist richtig? Kreuzen Sie an.

a	Was macht Familie Schneider heute?	☐ eine Party	☒ ein Picknick	☐ ein italienisches Essen
b	Was hat Tina dabei?	☐ Salat	☐ Käse	☐ Tomaten
c	Was hat Bruno dabei?	☐ Tee	☐ Apfelsaft	☐ Cola
d	Was möchte Sara trinken?	☐ Wasser	☐ Apfelsaft	☐ Cola
e	Was braucht die Familie?	☐ Kohle	☐ Cola	☐ Wasser
f	Was bringt Niko mit?	☐ Kohle	☐ Wasser	☐ Cola

6 A Wie ist denn das **Wetter**? – **Es regnet**.

A1 Ordnen Sie zu.

☐ Es regnet. ☒ B Es sind 25 Grad. Es ist warm. ☐ Die Sonne scheint. ☐ Es ist windig.
☐ Es sind nur 7 Grad. Es ist kalt. ☐ Es schneit.

A B C D E F

A2 Ordnen Sie. Hören Sie dann und vergleichen Sie.

☒ 1 Wie ist denn das Wetter?
☐ Es regnet gar nicht. Hier guck mal: Die Sonne scheint.
☐ Nicht so schön. Es regnet.
☐ Also kein Picknick heute. Sehr gut!

Wie ist das Wetter?
☺ ☹
Gut. Schlecht.
Schön. Nicht so gut/ schön.

A3 Sehen Sie die Karte an. Fragen Sie und antworten Sie.

■ Wie ist das Wetter in Italien?
◆ Gut. Die Sonne scheint.
■ Und in England?
◆ Im Norden ist es bewölkt. Im Süden scheint die Sonne.

im Norden   im Süden
im Osten   im Westen

A4 Klassenplakat: Sprechen Sie über Ihr Land.

Wie ist das Wetter in der Ukraine?

Im Sommer haben wir circa 25 Grad, im Winter minus 5 Grad oder so.

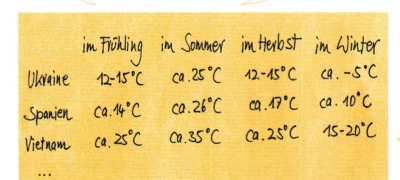

der Frühling   der Sommer

der Herbst   der Winter

B   6

Und wo ist der Salat? Hast du **den** Salat?

B1 Hören Sie noch einmal und variieren Sie.

▲ Und wo ist der Salat? Hast du den Salat?
● Ja, den habe ich auch.

Varianten:
der Fisch – den Fisch – den ● das Brot – das Brot – das ● die Cola – die ... – die ● der Apfelsaft – ... ● das Wasser – ... ● die Getränke – ...

Wo	*ist*	der Salat?	Ich	*habe*	den Salat.
		das Salz?			das Salz.
		die Milch?			die Milch.
	sind	die Getränke?			die Getränke.

B2 Ergänzen Sie. Hören Sie dann und vergleichen Sie.

a Und wo ist der Käse? Wir brauchen doch Käse!
Oje, ich habe ja .....*den*..... Käse vergessen.

b Soso, und der Tee?
Oje, ich habe ja auch .... Tee vergessen.

c Aha, und das Fleisch?
Oje, ich habe .... vergessen.

d So, und die Kartoffeln?
Tut mir Leid, aber ich habe auch
.... vergessen.

e Ja, und wo ist der Wein?
Oh nein, ich habe leider auch
.... vergessen.

f Gut. Aber das Salz?
Also, ... habe ich auch vergessen. Zu dumm. Aber schau, hier ist die Schokolade. .... Schokolade habe ich nicht vergessen.

B3 Fragen Sie und antworten Sie.

■ Entschuldigen Sie, wo finde ich den Apfelsaft?
◆ Den Apfelsaft? Der ist dort.

B4 Planen Sie eine Grillparty.

Wer kauft das Fleisch?
Und wer kauft den Wein?

Ich kaufe das Fleisch.

Ich kaufe den Wein.

6 C Du hast das Brot **nicht** dabei. – **Doch**, da ist es.

C1 Hören Sie und variieren Sie.

▲ Sag mal, hast du den Salat dabei?
● Ja, da ist er.

▲ Sag mal, hast du das Brot nicht dabei?
● Doch, da ist es.

Varianten:

Hast du das Brot dabei?   Ja./Nein.
Hast du das Brot **nicht** dabei? **Doch**./Nein.

C2 Hören Sie und antworten Sie.

C3 Hören Sie Gespräch a und ergänzen Sie dann b, c und d.

a
▲ Möchten Sie einen Tee?
● Ja, ich trinke gern einen Tee.
▲ Ach, Sie möchten keinen Tee?
● Doch! Ich trinke gern einen Tee.

b
▲ Möchten Sie einen Apfelsaft?
● Ja, *ich trinke gern* .... einen Apfelsaft.
▲ Ach, Sie möchten keinen Apfelsaft?
● ....! .... einen Apfelsaft.

c
▲ .... eine Cola?
● Ja, ...
▲ Ach, Sie möchten keine .... ?
● ....! ....

Ich möchte **(k)einen** Tee.
            (k)ein Wasser.
            (k)eine Cola.
            Äpfel/keine Äpfel.

d
▲ .... ein Wasser?
● Ja, ...
▲ Ach, ... auch kein .... ?
● ....! ....

C4 Hören Sie die Gespräche und vergleichen Sie.

 C5 Spiel: Reise nach Berlin

> Ich fahre nach Berlin und nehme einen Grill mit.

> Ich fahre nach Berlin und nehme einen Grill und eine Flasche Saft mit.

> Ich fahre nach Berlin und nehme einen Grill, eine Flasche Saft und ein Sofa mit.

Freizeit und Hobbys   D 6

D1 Ordnen Sie zu.

lesen • Briefe schreiben • Fahrrad fahren • schwimmen • grillen • tanzen • Freunde treffen • schlafen

A ...schlafen...   B ...lesen...   C ....   D ....

E ....   F ....   G ....   H ....

D2 Sprechen Sie.

■ Was sind deine Hobbys?
◆ Lesen und schwimmen.
Und was machst du in der Freizeit?
Liest du auch gern?
■ Naja, es geht. Ich mache gern Sport: schwimmen, Fußball spielen und Fahrrad fahren.

Was sind Ihre/deine Hobbys?   *Meine Hobbys sind ...*
Was machst du in der Freizeit?   *Ich ... (gern).*
Was machen Sie in der Freizeit?

du	liest	triffst	fährst	schläfst
er/sie	liest	trifft	fährt	schläft

D3 Lesen Sie und sammeln Sie Informationen über die Personen.

Hallo!
Ich heiße Ratha.
Ich bin 45 Jahre alt und komme aus Kambodscha.
In der Freizeit treffe ich Freunde, gehe tanzen oder ins Kino.
Mein Lieblingsfilm ist „Titanic".
Ich schreibe sehr gern Briefe und E-Mails.
Bitte schreibt mir.
Ratha

Brieffreunde aus aller Welt gesucht!
Christian, 38,
Hobbys: Fußball spielen, schwimmen, afrikanisch und japanisch kochen.

Schreibt an:
Christian Wenzli
Burgweg 11
8023 Zürich
Schweiz

Name: Emmanuel Obeng
Land: Ghana
Alter: 35
Hobbys: Musik hören, fernsehen, Sport machen (Karate, Boxen, Fußball, Schwimmen)

Chiffre: 16601

Ratha kommt aus Kambodscha. Sie ist 45 Jahre alt. In der Freizeit ...
Christian kommt ... Er ist ... Er spielt gern ...
Emmanuel kommt ... Er ... Er hört ...

D4 Schreiben Sie eine Anzeige.

Geben Sie folgende Informationen:
Name • Land • Alter • Hobbys • Lieblingsfilm, Lieblingsbuch, Lieblingsmusik, ...

6 E Wetter

E1 Was ist richtig? Hören Sie und kreuzen Sie an.

a Wo regnet es? ☐ In München. ☐ In Hof. ☐ In Passau.
b Wie ist das Wetter morgen? ☐ Die Sonne scheint. ☐ Es regnet. ☐ Es ist kalt.
c Wie viel Grad sind es in Sachsen? ☐ 8 bis 11 Grad. ☐ 8 bis 12 Grad. ☐ 6 bis 12 Grad.

E2 Welche Wörter kennen Sie? Lesen Sie und markieren Sie.

A Am Freitag ist es sonnig. Die Temperaturen erreichen Werte zwischen 18 und 23 Grad. Es ist nicht mehr so windig.

B Im Norden und Westen scheint schon heute die Sonne, im Süden und Osten regnet es aber noch. Für Donnerstag heißt die Prognose aber: Sonnenschein überall! Die Temperaturen steigen bis auf 25 Grad.

C Wetter>Deutschland>Aachen

Heute bewölkt		Minimal 11° Maximal 16°
Di Regen		Minimal 8° Maximal 13°
Mi bewölkt		Minimal 5° Maximal 12°
Do sonnig		Minimal 9° Maximal 14°
Fr sonnig		Minimal 11° Maximal 16°

D Heute meist bewölkt und Regen in West- und Norddeutschland bei 4 bis 9 Grad. Im Süden Sonnenschein bei 9 bis 13 Grad, am Dienstag überall Regen und sinkende Temperaturen.

E3 Richtig oder falsch? Lesen Sie noch einmal und kreuzen Sie an.

Text	richtig	falsch
A Am Freitag scheint die Sonne.	☒	☐
Der Wind ist stark.	☐	☐
B Heute scheint in ganz Deutschland die Sonne.	☐	☐
Am Donnerstag ist es warm.	☐	☐
C Heute sind es in Aachen 9 bis 14 Grad.	☐	☐
Am Mittwoch sind es 8 bis 13 Grad.	☐	☐
D In Norddeutschland regnet es heute.	☐	☐
Im Süden scheint heute die Sonne.	☐	☐

Grammatik

1 Akkusativ: bestimmter Artikel

Singular	Nominativ			Akkusativ	
maskulin	Wo ist	der	Salat?	Ich habe	**den** Salat.
neutral	Wo ist	das	Salz?	Ich habe	das Salz.
feminin	Wo ist	die	Milch?	Ich habe	die Milch.
Plural	Wo sind	die	Getränke?	Ich habe	die Getränke.

2 Akkusativ: unbestimmter Artikel

Singular	Nominativ			Akkusativ	
maskulin	Ist das	ein	Salat?	Ich möchte	**einen** Salat.
neutral	Ist das	ein	Ei?	Ich möchte	ein Ei.
feminin	Ist das	eine	Banane?	Ich möchte	eine Banane.
Plural	Sind das		Orangen?	Ich möchte	Orangen.

3 Akkusativ: Negativartikel

Singular	Nominativ			Akkusativ	
maskulin	Das ist	kein	Salat.	Ich habe	**keinen** Salat.
neutral	Das ist	kein	Salz.	Ich habe	kein Salz.
feminin	Das ist	keine	Milch.	Ich habe	keine Milch.
Plural	Das sind	keine	Bananen.	Ich habe	keine Bananen.

4 Ja-/Nein-Frage: *ja – nein – doch*

Frage	Antwort	
Hast du das Brot dabei?	Ja.	Nein.
Hast du das Brot **nicht** dabei?	**Doch.**	Nein.
Haben Sie **keinen** Tee?	**Doch.**	Nein.

5 Verb: Konjugation

	lesen
ich	lese
du	l**ie**st
er/es/sie	l**ie**st
wir	lesen
ihr	lest
sie/Sie	lesen

	treffen
ich	treffe
du	tr**i**ffst
er/es/sie	tr**i**fft
wir	treffen
ihr	trefft
sie/Sie	treffen

	schlafen
ich	schlafe
du	schl**ä**fst
er/es/sie	schl**ä**ft
wir	schlafen
ihr	schlaft
sie/Sie	schlafen
auch so:	fahren

Wichtige Wörter und Wendungen

Das Wetter

Wie ist das Wetter?
Gut. • Schön. • Schlecht. • Nicht so gut/schön. •
Die Sonne scheint. • Es regnet. • Es ist windig. •
Es ist bewölkt. • Es schneit. • Es ist warm. •
Es ist kalt. • Im Norden sind es 10 Grad. •
Im Sommer haben wir circa 25 Grad.

Hobbys

Was sind Ihre/deine Hobbys? –
Meine Hobbys sind Lesen und E-Mails schreiben.

Was machen Sie / machst du in der Freizeit? –
Ich lese gern.

Briefe schreiben • Fahrrad fahren • Freunde treffen •
grillen • schlafen • schwimmen • Sport machen • tanzen

Vorlieben: Mein Lieblingsbuch

Mein Lieblingsbuch/Lieblingsfilm ist …
Meine Lieblingsmusik ist …

Bedauern: Tut mir Leid.

Tut mir Leid / Entschuldigung, aber
ich habe den Käse vergessen. •
Ich habe den Käse leider vergessen. •
Ich habe den Käse leider nicht dabei.

Himmelsrichtungen: Norden, …

der Norden • der Süden •
der Westen • der Osten
im Norden …

Jahreszeiten: Frühling, …

der Frühling • der Sommer •
der Herbst • der Winter •
im Frühling …

Strategien

Naja • Soso, … • So, … •
Also, … • Aha, … • Oje, … •
Sag mal, …

7 Kinder und Schule

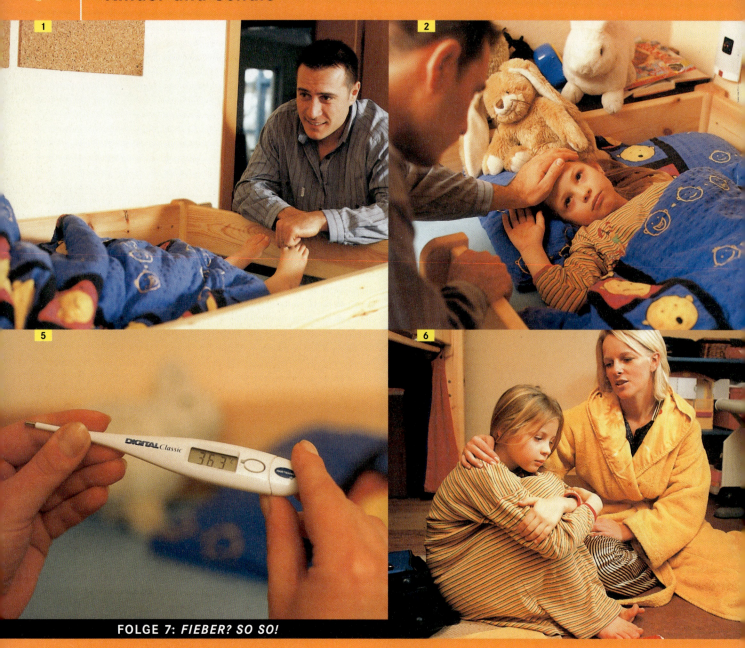

FOLGE 7: *FIEBER? SO SO!*

1   Sehen Sie die Fotos an. Was meinen Sie: Wer sagt was?

	Bruno	Tina	Sara
Ich habe Fieber.			
Sara ist krank.			
Ich will die Lehrerin anrufen.			
Ihr schreibt heute ein Diktat.			
Ich will nicht in die Schule gehen.			

sechsundfünfzig   56   LEKTION 7

2 Sehen Sie die Fotos an und hören Sie.

3 Ordnen Sie die Sätze.

☐ Sara kommt nach Hause.
  Sie hat kein Diktat geschrieben.
☐ Tina sagt: Sara, du hast kein Fieber!
[1] Sara sagt: Ich habe Fieber.
☐ Sara geht in die Schule.
☐ Bruno will Frau Müller, die Lehrerin, anrufen.

7 A Ich **kann** heute nicht in die Schule **gehen**.

A1 Verbinden Sie die Sätze. Hören Sie noch einmal und vergleichen Sie.

a Mir geht es gar nicht gut.   Sie kann heute nicht in die Schule gehen.
b Sara hat Fieber.   Du kannst in die Schule gehen.
c Du hast kein Fieber.   Ich kann heute nicht in die Schule gehen.

ich	**kann**
du	**kannst**
er/sie	**kann**
wir	können
ihr	könnt
sie/Sie	können

A2 Hören Sie und variieren Sie.

● Ich bin krank.
Ich kann nicht einkaufen.
Hannes, kannst du im Supermarkt einkaufen?
▲ Ja, kein Problem.

Ich **kann** nicht **einkaufen**.
Kannst du im Supermarkt **einkaufen**?

Varianten:
(nicht) kochen ● (nicht) mit Jonas zum Arzt gehen ●
Anna (nicht) in den Kindergarten bringen ● Jonas' Lehrer (nicht) anrufen

A3 Wer kann was? Machen Sie eine Liste. Fragen Sie und antworten Sie.

	sehr gut	nicht so gut
Fußball spielen	Alexander	
Fahrrad fahren	Özlem	Ruslan
auf Deutsch die Uhrzeit sagen		
kochen		
Englisch sprechen		
…		

Können Sie / Kannst du gut Fußball spielen? Ja, sehr gut.
Nein, nicht so gut.

A4 Im Kurs: Sprechen Sie.

Alexander kann sehr gut Fußball spielen.
Aber er kann nicht so gut kochen. Er kann …

B 7

Ich **will** aber nicht in die Schule **gehen**.

B1 Hören Sie noch einmal und variieren Sie.

● Du hast kein Fieber. Du kannst in die Schule gehen.
▲ Ich will aber nicht in die Schule gehen.

Varianten:
aufräumen ● Hausaufgaben machen ●
aufstehen ● zum Tanzkurs gehen

ich	will
du	willst
er/sie	will
wir	wollen
ihr	wollt
sie/Sie	wollen

B2 Was wollen die Kinder? Was antwortet die Mutter? Sprechen Sie.

Nein, jetzt nicht!

Wir wollen ins Schwimmbad gehen!

▼ Wir wollen ... Nein, jetzt nicht!
Nein, das geht nicht.
Nein, ihr könnt morgen ...
Ihr geht jetzt ins Bett! ▲

Wir **wollen** Fußball **spielen**.

B3 Spiel: Lebende Sätze

a Schreiben Sie Sätze mit *können* und *wollen*. Machen Sie Kärtchen.

Kann ich etwas fragen ?   Ich will jetzt nach Hause gehen .

b Suchen Sie Ihre Partner. Bilden Sie Sätze.

7 C Du **hast** gestern nichts **gelernt**.

C1 Hören Sie und ergänzen Sie.

geschlafen ● gelernt ● gesehen ● geschrieben

Na, wie hast du ......*geschlafen*...... ?

Hast du den Zettel mit der Telefonnummer .... ?

Du hast kein Fieber. Du hast gestern nichts .... !

Habt ihr das Diktat .... ?

März 12 Montag — heute

März 11 Sonntag — gestern

C2 Ordnen Sie zu.

A  B   C  D

er **hat** ge**lernt**
er **hat** ge**schrieben**

- *D* Der Junge **hat** Englisch ge**lernt**.
- ☐ Der Junge lernt Englisch.
- ☐ Das Mädchen schreibt einen Brief.
- ☐ Das Mädchen **hat** einen Brief ge**schrieben**.

C3 Ordnen Sie zu.

ich habe — gearbeitet
du hast — gelesen
er/es/sie hat — gegessen
wir haben — gekauft
ihr habt — geschrieben
sie/Sie haben — gemacht

C4 Hören Sie und variieren Sie.

- ● Was hast du gestern gemacht?
- ■ Ich habe bis 11 Uhr geschlafen. Dann habe ich Deutsch gelernt. Und was hast du gemacht?
- ● Nichts.

Was **hast** du am Samstag **gemacht**?
Ich **habe** bis 11 Uhr **geschlafen**.

Varianten:
E-Mails geschrieben – Englisch gelernt ● bis 12 Uhr gearbeitet – geschlafen ●
Zeitung gelesen – Hausaufgaben gemacht ● Sport gemacht – Pizza gegessen

C5 Im Kurs: Schreiben Sie Fragen und fragen Sie.

a Von wann bis wann | Deutsch gelernt | hast du | gestern?
b Was | haben Sie | gekauft | gestern?
c Von wann bis wann | gearbeitet | haben Sie | gestern?
d Wann | Hausaufgaben gemacht | habt ihr | gestern?
e …

Von wann bis wann hast du gestern Deutsch gelernt?

Von acht bis zehn Uhr.

Ich habe nicht gelernt.

Ich **bin** doch in die Schule **gegangen**.

D 7

D1 Was hat Sara gestern gemacht? Hören Sie und ordnen Sie die Bilder.

Foto	2			

D2 Was passt? Ordnen Sie die Sätze den Fotos aus D1 zu.

a Danach bin ich mit Mama in den Supermarkt gefahren.

b Am Morgen bin ich in die Schule gegangen.

c Am Nachmittag bin ich mit Niko spazieren gegangen.

d Dann ist Katja gekommen.

Foto	1	2	3	4
Satz	c			

Ich	bin	in die Schule	gegangen.
Ich	bin	mit Mama in den Supermarkt	gefahren.
Katja	ist		gekommen.

D3 Hören Sie und variieren Sie.

● Klaus, was machst du am Wochenende? Wollen wir zusammen Fahrrad fahren?
▲ Nein, ich bin gestern schon Fahrrad gefahren.
● Schade!

Varianten:
Fußball spielen ● spazieren gehen ● tanzen gehen ● Pizza essen ● zu Lisa fahren

D4 Was haben Sie gestern / am Montag / am Dienstag / ... gemacht? Erzählen Sie.

am Samstag + am Sonntag = am Wochenende

■ Was hast du gestern gemacht?
● Also, ich | habe | gestern ... Und du?
              | bin |
■ Ich ...

E Kommunikation mit der Schule

E1 Welche Wörter kennen Sie? Lesen Sie und markieren Sie.

Liebe Eltern der Klasse 3c,

am Freitag, den 25.05. möchte ich mit der Klasse eine Exkursion machen. Ich möchte mit den Kindern zum Spadener See fahren.
Das Besondere: Wir wollen nicht mit dem Bus fahren.
Die 3c fährt diesmal Fahrrad!
Am See können die Kinder schwimmen. Wir wollen auch ein Picknick machen und grillen. Hoffentlich regnet es nicht!

Mit freundlichen Grüßen
Ole Meiners
Klassenlehrer der 3c

Bitte füllen Sie den folgenden Abschnitt aus.

Mein Sohn / Meine Tochter
....

☐ kann an der Exkursion teilnehmen.
☐ kann Fahrrad fahren.
☐ kann schwimmen.

☐ kann an der Exkursion nicht teilnehmen.
☐ kann nicht Fahrrad fahren.
☐ kann nicht schwimmen.

E2 Was ist richtig? Kreuzen Sie an.

Der Lehrer will mit den Kindern

☐ eine Exkursion machen.   ☐ mit dem Fahrrad fahren.
☐ mit dem Bus fahren.   ☐ ins Schwimmbad gehen.

E3 Hören Sie und kreuzen Sie an.

		richtig	falsch
a	Frau Kerner ist die Mutter von Sebastian.	☐	☐
b	Sebastian kommt mit zum Spadener See.	☐	☐
c	Sebastian ist krank.	☐	☐

E4 Rollenspiel: Spielen Sie Gespräche.

Ihr Kind ist krank. Es kann nicht in die Schule gehen. Sie rufen in der Schule an.	Sie sind krank. Sie können nicht zum Deutschkurs kommen. Sie rufen in Ihrer Sprachschule an.	Ihr Kind ist krank. Sie können nicht zum Deutschunterricht kommen. Sie rufen in Ihrer Sprachschule an.

Guten Morgen. Mein Name ist ...
Ich bin die Mutter / der Vater von ...
Mein Sohn / Meine Tochter geht in die Klasse ...
Er / Sie kann heute nicht zur Schule kommen.
Er / Sie ist krank.
Ich kann heute nicht zum Deutschkurs/ zum Unterricht kommen.
Ich bin krank.
Mein Kind ist krank.
Ich gehe zum Arzt.

... Schule, Sekretariat, ...
Oh, das tut mir Leid.
Ich sage es der Lehrerin / dem Lehrer.
Gute Besserung.

Grammatik

1 Modalverben: *können* und *wollen*

	können	wollen
ich	**kann**	**will**
du	**kannst**	**willst**
er/es/sie	**kann**	**will**
wir	können	wollen
ihr	könnt	wollt
sie/Sie	können	wollen

2 Modalverben im Satz

	Position 2		Ende
Er	**kann**	heute nicht in die Schule	**kommen**.
Wir	**wollen**	am Samstag Fußball	**spielen**.

3 Perfekt mit *haben*

		haben + ge...t			*haben + ge...en*
lernen	er lernt	er **hat ge**lernt	schlafen	er schläft	er **hat ge**schlafen
machen	er macht	er **hat ge**macht	lesen	er liest	er **hat ge**lesen
arbeiten	er arbeitet	er **hat ge**arbeit**t**	essen	er isst	er **hat ge**gessen
kaufen	er kauft	er **hat ge**kauft	schreiben	er schreibt	er **hat ge**schrieben

4 Perfekt mit *sein*

sein + ge...en (• → •)

gehen	er geht	er **ist** gegangen
fahren	er fährt	er **ist** gefahren
spazieren gehen	er geht spazieren	er **ist** spazieren **ge**gangen
kommen	er kommt	er **ist** ge**komm**en

5 Das Perfekt im Satz

	Position 2		Ende
Sie	**hat**	gestern nicht	**gelernt**.
Ich	**habe**	Zeitung	**gelesen**.
Er	**ist**	mit Susanna spazieren	**gegangen**.

Wichtige Wörter und Wendungen

Schule

die Schule – die Schulen • in die Schule gehen • die Klasse – die Klassen • der Lehrer – die Lehrer • die Lehrerin – die Lehrerinnen • lernen • das Diktat – die Diktate • ein Diktat schreiben
der Kindergarten – die Kindergärten

Strategien

Nein, jetzt nicht!
Das geht nicht!
Schade!
Kein Problem!

sich/jemanden entschuldigen

Ich bin krank.
Mein Kind / Mein Sohn / Meine Tochter ist krank.
Ich/Er/Sie kann heute nicht kommen.
Ich gehe zum Arzt.

Oh, das tut mir Leid.
Ich sage es der Lehrerin / dem Lehrer.
Gute Besserung.

Fähigkeit: Ich kann ...

Ich kann (nicht) gut Fußball spielen.
Kannst du Englisch?

Starker Wunsch: Ich will ...

Wir wollen ins Schwimmbad gehen.

Vorschlag: Wollen wir ...

Wollen wir Fahrrad fahren?

Inhalt Arbeitsbuch

1 Guten Tag. Mein Name ist ...

Schritt A-E	Aufgaben und Übungen	66-73
Phonetik	Satzmelodie	66
	Satzakzent und Satzmelodie	67
	Diphtonge *ei*, *eu*, *au*	71
Lerntagebuch	Begrüßung/Verbkonjugation	72
Projekt	Postleitzahlen	73

2 Meine Familie

Schritt A-E	Aufgaben und Übungen	74-83
Phonetik	Satzmelodie/Satzakzent: Frage und Antwort	74
	Rhythmus	76
Lerntagebuch	sich vorstellen / Verbkonjugation	83
Projekt	Geographie/Sprachvarianten („*Grüß Gott / Guten Tag*")	82

3 Einkauf

Schritt A-E	Aufgaben und Übungen	84-91
Phonetik	Satzmelodie in Fragesätzen	84
	Vokale *a*, *o*: lang und kurz	87
	Zahlen	90
Lerntagebuch	Wortschatz/Redemittel „Einkaufen"	91
Projekt	Im Supermarkt	91

4 Meine Wohnung

Schritt A-E	Aufgaben und Übungen	92-101
Phonetik	Wortakzent: Komposita	96
	Vokale *e*, *i*: lang und kurz	100
Lerntagebuch	Nomen: Singular und Plural	98
	Wortschatz: Wohnung, Möbel, Geräte	101
Projekt	Wohnungsanzeigen	99

5 Mein Tag

Schritt A-E	Aufgaben und Übungen	102-109
Phonetik	Umlaute *ü*, *ä*, *ö*	107
	Aussprache und Orthographie (*ä – e*; lange und kurze Vokale)	109
Lerntagebuch	Wortliste: trennbare und unregelmäßige Verben	107
Prüfungsaufgabe	Hören, Teil 1	108

6 Freizeit

Schritt A-D	Aufgaben und Übungen	110-119
Phonetik	Satzakzent	113
	unbetontes *e*	117
Lerntagebuch	Wortliste: unregelmäßige Verben	118
Prüfungsaufgabe	Lesen, Teil 1	119

7 Kinder und Schule

Schritt A-E	Aufgaben und Übungen	120-127
Phonetik	Aussprache und Orthographie (*sch*, *st*, *sp*)	121
Lerntagebuch	Tabelle: Partizipien	124, 126
Projekt	Wandzeitung: Der erste Schultag	127
Prüfungsaufgabe	Schreiben, Teil 2	127

Lektion 1: Guten Tag. Mein Name ist ...

A Guten Tag. – Hallo!

1 Was hören Sie? Kreuzen Sie an.

Guten Tag! ☒ Tschüs! ☒ Morgen! ☒ Tag! ☐ Guten Morgen! ☐ Hallo! ☐
Danke! ☒ Gute Nacht! ☐ Nacht! ☒ Guten Abend! ☒ Auf Wiedersehen! ☒

2 Hören Sie und sprechen Sie nach.

Tag!	Guten Tag!	Morgen!	Guten Morgen!
Abend!	Guten Abend!	Guten Abend meine Damen und Herren.	
Nacht!	Gute Nacht!	Wiedersehen!	Auf Wiedersehen!
Frau Schröder	Guten Morgen Frau Schröder!	Felix	Auf Wiedersehen Felix!

3 Ergänzen Sie.

Tag • Morgen • Abend • Hallo • Auf Wiedersehen • Gute Nacht • Morgen • Tag • Abend • Tschüs

06.00	Morgen		
09.00	Morgen		
13.00	Guten Tag	Hallo	Auf Wiedersehen
15.30	Tag		Tschüs
19.00	Abend		
23.45	Abend		Tschüs

4 Was sagen die Personen?

a: Hallo! / Hallo
b: Guten Morgen / Guten Morgen Morgen
c: Gute Nacht / Gute Nacht
d: Guten Tag / Guten Tag
e: Auf Wiedersehen Tschüs / Auf Wiedersehen Tschüs

Das ist Schnuffi. **Ich bin** Sara.   B 1

Phonetik 04 **5** Hören Sie und sprechen Sie nach.
Achten Sie auf die Betonung / und die Satzmelodie ↘ ↗.

● Entschuldigung. ↘ Wie heißen Sie? ↘

■ Ich heiße Eva Baumann. ↘ Und wie heißen Sie? ↗

● Ich heiße Angelika Moser. ↘

Phonetik 05 **6** Hören Sie und markieren Sie die Betonung / und die Satzmelodie ↘ ↗.

● Guten Tag. ↘ Ich bin Marietta. ↘

■ Entschuldigung, ↘ wie heißen Sie? ↘

● Marietta Adler. ↘

06 Hören Sie noch einmal und sprechen Sie nach.

7 Was sagen die Personen?

Ich bin Andrea Weber. ● Ich heiße Petra Kaiser. ● Herr Wiese, das ist meine Kollegin Frau Weiß. ● Und wie heißen Sie? ● Entschuldigung, wie heißen Sie? ● Guten Abend, Frau Weiß.

a ◆ Ich bin Andrea Weber.
Und wie heißen Sie?
■ Ich heiße Petra Kaiser.

b ▲ Ich heiße Akello Keki.
● Entschuldigung, wie heißen Sie?
▲ Akello Keki.
● Aha.

c ■ Herr Wiese, das ist meine Kollegin Frau Weiß.
▲ Guten Abend, Frau Weiß.
● Guten Abend.

siebenundsechzig **67** LEKTION 1

1 B Das ist Schnuffi. Ich bin Sara.

8 Ordnen Sie zu und schreiben Sie.

a Ich bin — Lena. *Ich bin Lena.*
b Wie heißen — Sie? *Wie heißen Sie?*
c Ich — heiße Lukas. *Ich heiße Lukas.*
d Das — ist Frau Hummel. *Wer ist das?*
e Wie — heißen Sie? *Das ist Frau Hummel.*
f Wer — ist das? *Wie heißen Sie?*

9 Ergänzen Sie die Wörter und Satzzeichen (?.)

wie • wer • Das ist • bin • ist • ist • heiße • heiße • heißen • Herr

a ◆ Ich ...*bin*... Andreas Zilinski ...
  ■ Entschuldigung, ...*Wie*... heißen Sie ...*?*...
  ◆ Andreas Zilinski, und das ...*ist*... Frau Kunz ...

b ◆ Wer ...*ist*... das ...*?*...
  ■ ...*Das ist*... Felix ...

c ◆ Ich ...*heiße*... Laura Weber ...
    Und wie ...*heißen*... Sie ...*?*...
  ■ Ich ...*heiße*... Michaela Schubert ...

d ◆ Das ist ...*Herr*... Hoffmann ...
  ■ Und ...*wer*... ist das ...*?*...
  ◆ Frau Kunz ...

10 Ergänzen Sie.

a ◆ Hallo, ich ...*bin*... Fred.   d ◆ Wer ist Lukas Grossmann?
  ■ Und ....   ■ ....
  ◆ Das ist Michael.

b ◆ Ich bin Oskar Schneider.
  ■ ....
    ....
  ◆ .... Oskar Schneider.

c ◆ .... ist das?
  ■ .... Frau Karadeniz.
  ◆ Wer?
  ■ ....

achtundsechzig 68 LEKTION 1

Ich komme aus der Ukraine. C 1

11 Was hören Sie? Kreuzen Sie an.

	Karim	Heidi	Jan
Deutschland		x	x
Polen			x
Iran	x		
Köln	x		
Berlin		x	
Teheran	x		
Frankfurt		x	

	Karim	Heidi	Jan
Deutsch	x	x	x
Russisch		x	x
Persisch	x		
Englisch		x	
Arabisch	x		
Polnisch			x

12 Ergänzen Sie.

Woher kommst du? • Mein Name ist • Ich heiße • Ich bin • Woher kommen Sie? •
Wie heißen Sie? • Ich komme • Was sprechen Sie? • Was sprichst du? • Und wer bist du?

a
● Guten Tag! _Mein Name ist_ Schneider.
■ Entschuldigung. _Wie heißen Sie?_
● Schneider. Bruno Schneider.
■ _Woher kommen Sie?_
● Aus Deutschland.
■ _Was sprechen Sie?_
● Deutsch und Italienisch.

b
● _Ich bin_ Anna. Und wie heißt du?
■ _Ich heiße_ Habib. Ich komme aus Algerien. _Woher kommst du?_
● _Ich komme_ aus Österreich. _Was sprichst du?_
■ Ich spreche Arabisch und Französisch.

c
● Ich bin Ali. _Und wer bist du?_
■ Ich bin Selma.

13 Ergänzen Sie.

ich	komm_e_	sprech_e_	heiß_e_	bin
du	komm_st_	_sprichst_	_heißt_	_bist_
Sie	komm_en_	_sprechen_	_heißen_	_sind_

neunundsechzig **69** LEKTION 1

1 C Ich komme aus der Ukraine.

14 Was passt? Unterstreichen Sie.

a Ich heißen Maria.
    heißt
    <u>heiße</u>

b Wie heiße du?
    <u>heißt</u>
    heißen

c Woher kommst Sie?
    komme
    <u>kommen</u>

d Ich kommst aus Kroatien.
    <u>komme</u>
    kommen

e Und woher kommst du?
    <u>komme</u>
    kommen

f Ich ist Angelika.
    <u>bin</u>
    bist

g Was spreche Sie?
    <u>sprechen</u>
    sprichst

h Ich spreche Englisch.
    sprechen
    sprichst

i Was spreche du?
    <u>sprichst</u>
    sprechen

15 Ergänzen Sie in der richtigen Form: *sprechen – kommen – heißen*

a Ich __spreche__ ein bisschen Deutsch.
b Ich __komme__ aus Berlin.
c Was __sprechen__ Sie?
d Du __sprichst__ Serbisch.
e Woher __kommen__ Sie?
f Wie __heißen__ Sie?
g Woher __kommst__ du?
h Wie __heißt__ du?
i Sie __sprechen__ gut Deutsch.

16 *du* oder *Sie*? Lesen Sie.

Ergänzen Sie: *du – Sie*

siebzig   70   LEKTION 1

Buchstaben

D 1

17 Wie spricht man das? Hören Sie und sprechen Sie nach.

ei	Türkei	Ich heiße Einstein.
eu	Deutschland	Europa
au	aus Augsburg	Frau Maurer

(oi written above eu)

18 Ergänzen Sie: *Tut mir Leid. – Danke. – Entschuldigung. – bitte.*

a ● Guten Tag, Frau Schneider. Ist Laura da?
■ Nein. _Tut mir Leid_

b ● Rosenstraße 18A, bitte.
■ _T. m. L._ Ich weiß es nicht.

c ● _Entschuldigung_

d ● Sprechen Sie Russisch?
■ Nein. _T. m. L._

e ● Rosenstraße 18 A, _Bitte_
■ Dort.
● _Danke_

f ● Mein Name ist Hubert Hubschmer.
■ _Entschuldigung_ Wie ist Ihr Name?
● Hubert Hubschmer.

19 Was schreibt man groß? Korrigieren Sie.

● ~~m~~Mein ~~n~~Name ist ~~a~~Anita. ~~u~~Und wie heißt du?
■ ~~I~~Ich heiße ~~a~~Andreas.
● ~~W~~Woher kommst du?
■ ~~a~~Aus ~~ö~~Österreich.

● ~~g~~Guten ~~t~~Tag. ~~W~~Wie ist ~~i~~Ihr ~~n~~Name, ~~b~~bitte?
■ ~~m~~Mein ~~n~~Name ist ~~l~~Lukas ~~b~~Bürgelin.
● ~~w~~Woher kommen ~~s~~Sie?
■ ~~i~~Ich komme aus der ~~s~~Schweiz.

20 Markieren Sie die Wörter. Schreiben Sie die Sätze.

ich|heiße|sara|und|ich|spreche|deutsch _Ich heiße Sara, und Ich spreche Deutsch._
das|ist|schnuffi|und|das|ist|poppel _Das ist Schnuffi und das ist Poppel._
und|das|ist|nikolaj|aus|der|ukraine _und das ist Nikolaj aus der Ukraine._
ich|bin|bruno|ich|komme|aus|deutschland _Ich bin Bruno. Ich komme aus Deutschland._
ich|spreche|englisch|und|italienisch _Ich spreche Englisch und Italienisch._

einundsiebzig 71 LEKTION 1

1 D Buchstaben

21 Finden Sie Sätze. Schreiben Sie noch acht Sätze.

ichbingutentagausundmeinnameistzilinskiichkommewieheißtdufrausöllist
ichbinentschuldigung,wieistihrnameundwasichheißemichaelabitteausder
woherichistherrschneiderdaschrödergutenichbuchstabiere:zilinskidankich
bistduichkommeausdeutschlandsieaustutmirleid,herrschneideristnichtda
wiewerichwoherkommstdugutenherrist

Guten Tag. Mein Name ist Zilinski. Ich komme aus Deutschland

Ordnen Sie die Sätze. Schreiben Sie 2 Dialoge.

● Guten Tag. Mein …   ● Wie …
■ …   ■ …

22 Das bin ich. Schreiben Sie Ihren Text.

Ich heiße Samira Rochdi. Ich komme aus Casablanca. Das ist in Marokko. Jetzt bin ich in Deutschland, in Freiburg.
Ich spreche Arabisch, Französisch und Deutsch.

Ich heiße Marwan Qandah. Ich komme aus Ottawa. Das ist in Kanada. Jetzt bin ich in Deutschland, in Mannheim.
Ich spreche Arabisch, Englisch und ein bisschen Deutsch.

23 Schreiben Sie ein Lerntagebuch. Notieren Sie auch in Ihrer Sprache.

LERNTAGEBUCH

	Ich	Und Sie? / Und du?
Guten Tag. *Guten Tag*	Ich heiße *Marwan Qandah*	Wie heißen sie / heißt du? …
Hallo. *Hallo*	Ich bin *Marwan* …	Woher kommen sie / kommst du? …
Guten Abend. *Guten Abend*	Mein Name ist *Marwan*	Was sprechen sie / sprichst du? …
…	Ich komme aus *Kanada*	
	Ich spreche *Englisch und Arabisch*	

ich …e
du …st   du kommst   du heißt!
sie …en
…

zweiundsiebzig 72 LEKTION 1

Adresse

24 **Ordnen Sie zu.**
Familienname • Wohnort • Vorname • Straße • Postleitzahl • Hausnummer

25 **Schreiben Sie die Adresse auf den Briefumschlag.**
Herrn • Wilhelmstr. • Obermeier • Berlin • 5 • Max • 13595

26 **Suchen Sie die Postleitzahl.**

| Kurfürstendamm 12 | Albert-Einstein-Str. 3 |
| .... Berlin | .... Frankfurt a. Main |

| Rosenheimer Str. 138 | Goetheallee 18 |
| .... München | .... Dresden |

Lektion 2: Meine Familie

2 A Wie geht's? – Danke, sehr gut.

1 Hören Sie. Markieren Sie die Betonung ╱. Sprechen Sie nach.

Wie geht es Ihnen? ↘   Danke, gut. ↘   Und Ihnen? ↗
Wie geht es dir? ↘   Gut, ↘ danke. ↘   Und dir? ↗
Hallo, Tina. ↘ Wie geht's ↘ ?   Ach, es geht! ↘   Und dir? ↗

2 Wie geht's? Ergänzen Sie.

super! | sehr gut | gut | es geht | nicht so gut

Na, wie geht's?

3 Ergänzen Sie.

Wie geht es dir? • Wie geht es Ihnen? • Und dir? • Und Ihnen?
Es geht. • Auch gut, danke.

a ● Guten Tag, Frau Jablonski.
    <u>Wie geht es Ihnen?</u>
■ Danke, gut. <u>Und Ihnen?</u>
● <u>Auch gut, danke.</u>

b ● Hallo Tobias.
■ Hallo Tanja. <u>Wie geht es dir?</u>
● Super! <u>Und dir?</u>
■ <u>Es geht.</u>

4 Schreiben Sie Dialoge.

a ▲ <u>Hallo, Jana. Wie geht es dir?</u>
  ● <u>Danke, sehr gut. Und dir?</u>
  ▲ <u>Super, danke.</u>

b ■ <u>Guten Tag. Wie geht es Ihnen?</u>
  ♦ <u>Nicht so gut. Und Ihnen?</u>
  ■ <u>Sehr gut, danke.</u>

vierundsiebzig

Das ist **meine Frau.**

5 Ergänzen Sie.

Schwester • Vater • Sohn • Mutter • Bruder • Kinder • Tochter • Eltern

Eltern

Mutter *Vater*

Bruder

Kinder

Schwester

Tochter *Sohn*

6 Ergänzen Sie.

a Guten Abend, *Frau* Schröder.
Guten Abend, *Herr* Altmann.

b Das ist meine *Frau*.
Freut mich, guten Abend, *Frau* Altmann.

c Guten Abend, *Herr* Schröder.
Und das ist mein *Mann*.
Guten Abend, *Frau* Altmann.

7 Meine Familie. Ergänzen Sie.

a Das ist meine *Familie*.

b Das sind meine *Kinder*.

c Das ist mein *Sohn* Jonas und das ist meine *Tochter* Sandra.

d Das ist meine *Schwester*.

e Das ist mein *Bruder*.

f Das sind meine *Eltern*, meine *Mutter* und mein *Vater*.

fünfundsiebzig 75 LEKTION 2

2 B Das ist **meine** Frau.

8 Markieren Sie in Übung 7 und tragen Sie ein.

rot: meine Familie meine ...   grün: mein Sohn mein ...   gelb: meine Kinder meine ...

Das ist meine   Das ist mein   Das sind meine

.... Familie .... Sohn .... Kinder ....

9 Ordnen Sie zu.

a Das ist ——— meine Eltern.
b Das sind ——— Frau Schneider.
c Das sind ——— Frau Altmann und Herr König.
d Das sind ——— meine Tochter.
e Das ist ——— meine Kinder.

Ergänzen Sie: *ist – sind*

👤 Das ..ist.. ...
👥 Das ..sind.. ...

10 Ergänzen Sie.

bin • ist • ist • sind • sind • sind • mein • mein • mein • meine • meine • meine • meine • meine • heißt • heißt

a Das ..ist.. ..meine.. Tochter und das ..ist.. ..mein.. Sohn.

b Das ..sind.. ..mein.. Bruder und ..meine.. Schwester.

c Das ..sind.. ..meine.. Kinder: ..Mein.. Sohn ..heißt.. Lukas und ..meine.. Tochter ..heißt.. Stefanie.

d Das ..bin.. ich und das ..sind.. ..meine.. Eltern.

11 Hören Sie und sprechen Sie nach. Klatschen Sie den Rhythmus.

Das ist meine Frau. • Das ist mein Bruder. • Das sind meine Kinder.
Das ist mein Sohn. • Das ist meine Tochter.

Er wohnt in der Rosenheimer Straße.

12 Wer ist das? Markieren Sie mit Pfeilen.   Ergänzen Sie: *sie – er*

Das sind Bruno und Tina, sie leben in München.   Bruno und Tina → sie
Brunos Mutter kommt aus Italien.   Brunos Mutter → sie
Jetzt lebt sie in Nürnberg.
Und das ist Sara. Sie hat zwei Hasen, sie heißen   Sara → sie
Poppel und Schnuffi.   zwei Hasen → sie
Niko kommt aus der Ukraine.   Niko → er
Er wohnt auch in München.
Seine Mutter und sein Bruder leben nicht   Mutter und Bruder → sie
in Deutschland, sie leben in Kiew.

13 Ergänzen Sie.

Ich heiße Tanja, ...ich... lebe in Deutschland, ...ich... wohne in Bremen.
Mein Bruder heißt Florian, ...er... lebt in England, ...er... wohnt in London.
Meine Schwester heißt Martina, ...sie... lebt in Frankreich, ...sie... wohnt in Marseille.
Meine Eltern leben in der Schweiz, ...sie... wohnen in Genf.
Ja, das ist meine Familie, ...sie... ist international.

14 Schreiben Sie den Text mit *er – sie – sie*

Das ist Semra. Semra kommt aus der Türkei. Und das ist Markus. Markus kommt aus Österreich. Semra und Markus leben in Deutschland. Semra und Markus wohnen jetzt in Berlin. Semras Eltern leben auch in Deutschland. Semras Eltern wohnen in Frankfurt.

Das ist Semra. Sie kommt aus der Türkei
Und das ist Markus. Er kommt aus Österreich
Semra und Markus

Semras Eltern

2 C Er **wohnt** in der Rosenheimer Straße.

15 Lesen Sie und markieren Sie.

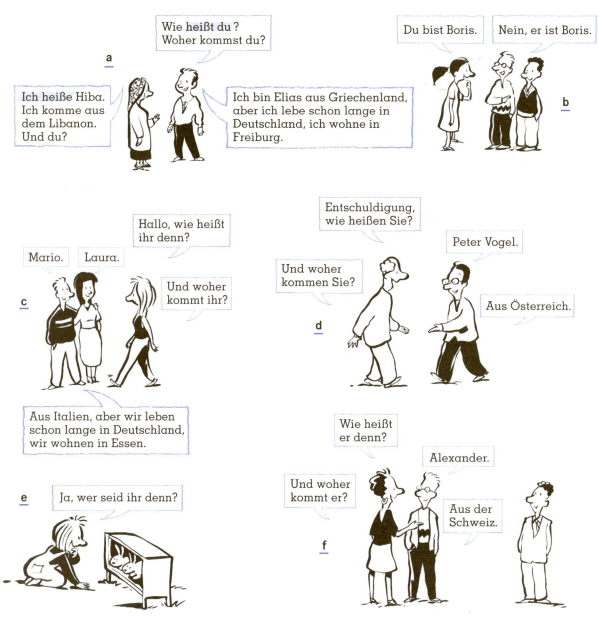

16 Ergänzen Sie.

	kommen	wohnen	leben	heißen	sein
ich	komme	wohne	lebe	heiße	bin
du	kommst	wohnst	lebst	heißt	bist
er/sie	kommt	wohnt	lebt	heißt	ist
wir	kommen	wohnen	leben	heißen	sind
ihr	kommt	wohnt	lebt	heißt	seid
sie/Sie	kommen	wohnen	leben	heißen	sind

achtundsiebzig LEKTION 2

C 2

17 Ergänzen Sie.

Hallo, ich h.eiße Jeanette, ich k.omme aus Frankreich, aber ich l.ebe schon lange in Deutschland. Und das s.ind meine Freunde: Sie h.eißen Max und Stefan. Sie s.ind aus Deutschland. Wir w.ohnen alle drei in Dresden. Und wer b.ist du? Woher k.ommst du? Wo w.ohnst du?

Wie h.eißt ihr?
Woher k.ommt ihr?
Wo w.ohnt ihr?

Wie h.eißen Sie?
Woher k.ommen Sie?
Wo w.ohnen Sie?

18 Ordnen Sie zu.

heiße • ist • lebt • heißen • sind • wohnen • heißt • wohne • bin • lebe • leben • wohnst • bist • lebst • wohnt • seid • lebt • heißt • heißen • sind • wohnen • heißt • wohnt • leben

ich	heiße	wohne	bin	lebe
du	heißt	wohnst	bist	lebst
er/sie	heißt	wohnt	ist	lebt
wir	heißen	wohnen	sind	leben
ihr	heißt	wohnt	seid	lebt
sie/Sie	heißen	wohnen	sind	leben

19 Steffi, Zainab, Lisa und Enrique und ich. Schreiben Sie einen Text.

ich – aus Polen – in Deutschland – in Ulm

Steffi – aus Hamburg – in Ulm

Lisa und Enrique – in Leipzig – Lisa: aus Deutschland – Enrique: aus Spanien

Zainab – aus Tunesien – in Stuttgart

Das bin ich. Ich komme aus Polen und wohne jetzt in Deutschland, in Ulm. Steffi wohnt auch in Ulm, sie wohnt in Hamburg. Lisa und Enrique wohnen in Leipzig. Lisa kommt aus Deutschland und Enrique kommt aus Spanien. Zainab kommt aus Tunesien. Sie wohnt in Stuttgart.

neunundsiebzig LEKTION 2

2 D Zahlen und Personalien

20 Kreuzen Sie an.

dreizehn • sechs • elf • fünf • vierzehn • siebzehn • acht • neunzehn • drei • zwanzig

~~1~~ 2 ~~3~~ 4 ~~5~~ ~~6~~ 7 ~~8~~ 9 10 ~~11~~ ✗ ~~13~~ ~~14~~ 15 16 ~~17~~ 18 ~~19~~ ~~20~~

21 Schreiben Sie die Zahlen.

1 eins 2 zwei 3 drei
4 vier 5 fünf 6 sechs
7 sieben 8 acht 9 neun
10 zehn 11 elf 12 zwölf
13 dreizehn 14 vierzehn 15 fünfzehn
16 sechzehn 17 siebzehn 18 achtzehn
19 neunzehn 20 zwanzig

22 Ergänzen Sie: in – aus

Woher?
Ich komme _aus_ der Türkei. Spanien. Berlin.

Wo?
Ich wohne/lebe _in_ Deutschland. der Schweiz. Frankfurt.

23 Ordnen Sie zu.

a Wie ist Ihr Name? — Elif Karadeniz.
b Woher kommen Sie? — Aus der Türkei.
c Wo sind Sie geboren? — In Ankara.
d Wo wohnen Sie? — In München. In der Hansastraße 10.
e Wie heißen Ihre Kinder? — Erdal und Bilge.
f Was sprechen Sie? — Türkisch und Deutsch.

24 Ergänzen Sie: Wo – Woher – Wie – Wer

a _Wie_ ist Ihr Name?
b _Woher_ kommen Sie?
c _Wo_ wohnen Sie?
d _Wie_ ist Ihre Adresse?
e _Wo_ sind Sie geboren?
f _Wer_ sind Sie?
g _Wie_ ist Ihr Vorname?
h _Wie_ ist Ihr Familienname?

D 2

25 Schreiben Sie die Fragen.

- _Wie ist Ihr Name_ ?
▲ Schröder.
- _Wie ist Ihr Name_ ?
▲ Maria.
- _Wo sind Sie_ _geboren_ ?
▲ In Halle.   oder _Wie ist Ihre Adresse_
- _Wo wohnen Sie_ ?
▲ Stuttgart, Parkstraße 7.
- _Wie ist Ihre Telefonnummer_ ?
▲ 23 57 18.
- _Haben Sie Kinder_ ?
▲ Ja, 2 Kinder.
- _Wie alt sind Ihre Kinder_ ?
▲ Neun und elf Jahre.

26 Ergänzen Sie.

ist • ist • sind • Haben • haben • hat • hat • habe

Haben Sie Kinder?
Wie alt _sind_ Ihre Kinder?

Wir _haben_ zwei Kinder.

Ich _habe_ zwei Kinder. Mein Sohn _ist_ 32. Er _hat_ vier Kinder. Meine Tochter _ist_ 28, sie _hat_ zwei Kinder.

27 Ergänzen Sie.

- Manuela, du k_ommst_ aus Portugal.
  Wo b_ist_ du geboren?   ▲ In Porto.
- Du l_ebst_ jetzt in Deutschland.
  Wo w_ohnst_ du?   ▲ In Hamburg.
- B_ist_ du verheiratet?   ▲ Nein, ich bin geschieden.
- H_ast_ du Kinder?   ▲ Ja, ein Kind.

28 Schreiben Sie über Manuela.

Manuela, meine Freundin • aus Portugal • in Porto geboren • jetzt in Deutschland, in Hamburg • geschieden • 1 Kind

Manuela ist meine Freundin. Sie kommt aus Portugal. Sie ist in Porto geboren. Sie lebt jetzt in Deutschland, in Hamburg. Sie ist geschieden. Sie hat ein Kind.

2 E Deutschsprachige Länder

E Projekt 29 Finden Sie die Antworten auf einer Karte, in einem Atlas oder fragen Sie.

?

3 Städte in Deutschland mit H: _Hamburg_
2 Städte in Deutschland mit M: _München_

1 Fluss in Deutschland mit R: _Rhine_ **Rhein**

das Meer / die See / the sea
der See : the Lake

1 See in Deutschland mit B: _Baltic See_
falsch _der Bodensee_

Deutschland hat 16 Bundesländer.
In welchem Bundesland wohnen Sie?
Baden-Württemberg

Wo sagt man so?

Guten Tag!
Grüß Gott!
Grüezi!
Moin, Moin!
Servus!
Salü!

CD2 11

**Guten Tag! Grüß Gott! ... –
Wo sagt man so?
Hören Sie und ergänzen Sie.**

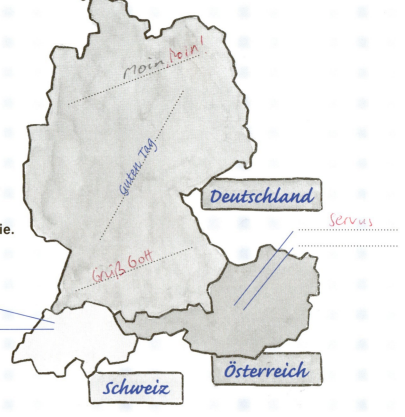

zweiundachtzig 82 LEKTION 2

30 Ergänzen Sie im Lerntagebuch.

	Ich		Und Sie? / Und du?	
	Ich heiße …	…	Wie heißen Sie /	…
	Ich bin …	…	heißt du?	…
Guten Tag. …	Mein Name ist …	…	Woher kommen Sie /	…
Hallo. …	Ich komme aus …	…	kommst du?	…
Guten Abend. …	Ich spreche …	…	Was sprechen Sie /	…
…			sprichst du?	…
	…		…	
Wie geht es Ihnen? …	Ich wohne in …	…	Wo wohnen Sie /	…
Wie geht es dir? …	Ich lebe in …	…	wohnst du?	…
…	Ich habe ein Kind /		Haben Sie /	…
	… Kinder.	…	Hast du Kinder?	…
	…		…	

ich	…e	komme	heiße
du	…st	du kommst	du heißt!
sie	…en	kommen	heißen
…			
er	…t	kommt	heißt
sie	…t	kommt	heißt
wir	…en	kommen	heißen
ihr	…t	kommt	heißt
sie	…en	kommen	heißen

3 A Lektion 3: Einkauf
Kennen Sie schon *fan-fit*?

A2 Phonetik
CD2 12

1 Hören Sie und markieren Sie die Satzmelodie. ↗ ↘

Wer kennt *fan-fit*? ↘   Kennen Sie schon *fan-fit*? ↗
                       Nein, was ist das? ↘

a   Kennst du Katharina Mai?   Nein, wer ist das?
b   Kennst du Bremen?   Nein, wo liegt das?
c   Was ist das?   Das ist Käse.
d   Und was ist das?   Das ist Mineralwasser.
e   Hast du Tee? ↗   Nein, Milch. ↘

CD2 13

Hören Sie noch einmal und markieren Sie die Betonung /. Sprechen Sie nach.

Kennen Sie schon *fan-fit*? ↗   Nein, was ist das? ↘

A3

2 Was passt? Kreuzen Sie an.

a   ☒ Ist das Joghurt?   b   ☐ Ist das Käse?
     ☐ Was ist das?   ☒ Was ist das?
     ▲ Ja.   ▲ Käse.

c   ☒ Haben wir noch Obst?   d   ☒ Ist das Sahne?
     ☐ Was haben wir noch?   ☐ Was ist das?
     ▲ Ja, Äpfel und Bananen.   ▲ Nein, das ist Joghurt.

e   ☒ Kennst du *fan-fit*?   f   ☒ Hast du Milch, bitte?
     ☒ Wer kennt *fan-fit*?   ☐ Wo ist Milch, bitte?
     ▲ Ich.   ▲ Nein, tut mir Leid.

Handschriftliche Notizen:
Merken
Frage mit Verb Pos. 1
→ Antwort: Ja/Nein

Frage mit Wer? Was? Wo? Wann?
und Verb Pos. 2
→ Antwort: offen

A3

3 Ordnen Sie zu.

a   Brauchen wir Mineralwasser?   Eva.
b   Was brauchen wir?   Nein, Markus.
c   Hast du Obst?   Nein.
d   *fan-fit* – was ist das?   Nein, tut mir Leid.
e   Wie heißt du?   Nein, wer ist das?
f   Kennen Sie Frau Kurowski?   Nein, mein Familienname.
g   Heißt du Nikolaj?   Das ist Saft.
h   Herrmann. Ist das Ihr Vorname?   Mein Vater.
i   Wer ist das?   Brot und Milch.

A 3

4 Tragen Sie die Sätze ein.

Meine Schwester heißt Nadja. • Kennst du meine Schwester? • Wie ist Ihr Name? • Heißt du Julia? • Wohnst du in Leipzig? • Mein Bruder heißt Max. • Ich heiße Adem. • Ist Adem Ihr Vorname? • Kommen Sie aus der Türkei? • Wie viele Kinder haben Sie? • Wir haben drei Kinder. • Sind Sie Herr Brummer?

Meine Schwester	heißt	Nadja	Kennst	du meine Schwester?
Mein Bruder	heißt	Max	Wie ist	Ihr Name?
Ich	heiße	Adem	Heißt du	Julia
Wir	haben	drei Kinder	Wohnst du	in Leipzig
			Ist Adem	Ihr Vorname

5 Bilden Sie Fragen.

a du / kommst / woher — Woher kommst du?
b Sie / aus Italien / kommen — Kommen Sie aus Italien?
c Sie / in Deutschland / wohnen — Wohnen Sie in Deutschland?
d Reis / das / ist — Ist das Reis?
e Tee / du / hast — Hast du Tee?
f du / Rotbusch-Tee / kennst — Kennst du Rotbusch-Tee?
g Sie / meine Schwester / kennen — Kennen Sie meine Schwester?
h wohnen / Sie / wo — Wo wohnen Sie?

6 Schreiben Sie Fragen.

a • Wie heißen Sie? ■ Ich heiße Martin.
  • Martin, Ist das Ihr Vorname? ■ Nein, das ist mein Familienname.
b • Wer ist das? ■ Mein Bruder.
c • Kennst du Micki? ■ Nein, wer ist das?
d • Heißen Sie Kunzmann? ■ Nein, ich heiße Künzelmann.
e • Haben Sie eine Kinder? ■ Ja, ich habe eine Tochter.
f • Wie geht es Ihnen? ■ Danke gut, und Ihnen?
g • Kommst du aus Österreich? ■ Nein, aus der Schweiz.
h • Wohnst du in Frankfurt? ■ Nein, ich wohne in Heidelberg.

fünfundachtzig 85 LEKTION 3

3 B Das ist doch **keine** Sahne.

7 Was ist das?

ein Kind • ein Brötchen • eine Stadt • ein Foto • ein Apfel • eine Tomate • eine Telefonnummer • eine Zahl • ein Land • eine Orange • ein Ei • ein Name • ein Mann • ein Buchstabe • eine Banane • eine Frau • eine Kartoffel • eine Frage • eine Antwort • ein Kuchen

a Das ist _ein Mann_   _eine Frau_   _ein Kind_

Jasmin   089 – 543072   M

b Das ist _ein Name_   _eine Telefonnummer_   _ein Buchstabe_

c Das ist _ein Ei_   _eine Banane_   _ein Brötchen_   _ein Kuchen_

d Das ist _eine Orange_   _eine Tomate_   _ein Apfel_   _eine Kartoffel_

e Das ist _eine Stadt_   _ein Land_   _eine Zahl_   _ein Foto_

Woher kommen Sie?   Aus Norddeutschland.

f Das ist _eine Frage_   _eine Antwort_

8 Ordnen Sie die Wörter aus Übung 7.

ein	eine
ein Mann	eine Frau
ein Kind	eine Telefonnummer
ein Name	eine Banane
ein Buchstabe	eine Orange
ein Ei	eine Tomate
ein Brötchen	eine Kartoffel
ein Kuchen	eine Stadt
ein Apfel	eine Zahl
ein Land	eine Frage
ein Foto	eine Antwort

B 3

9 Ergänzen Sie: *ein – eine – mein – meine*

a
Da ist ......*ein*...... Brötchen, Das ist ..*mein*...... Brötchen!
und auch ..*eine*...... Banane, Das ist ..*meine*...... Banane!
und ..*ein*...... Apfel, Das ist ...*mein Apfel*...... !
und ..*eine*...... Tomate, Das ist ...*meine Tomate*...... !
und ..*ein*...... Ei. Das ist ...*mein Ei*...... !
Und ich? Was habe ich?

b
Hier bitte. Das ist ..*meine*.. Adresse (f)
und das ist ..*meine*.... Telefonnummer.

10 Hören Sie und sprechen Sie nach.

S**a**hne • M**a**nn • B**a**n**a**ne • St**a**dt • T**o**m**a**te • **A**pfel • N**a**me • d**a**nke • Fr**a**ge • F**o**to • K**a**rt**o**ffel • Br**o**t • **O**bst • J**o**ghurt

Hören Sie noch einmal und markieren Sie: *a, o* lang (*a̱, o̱*) oder kurz (*a̭, o̭*).

S**a̱**hne, M**a̭**nn

Hören Sie und sprechen Sie nach.

Wo ist Sahne? • Eine Banane, bitte. • Ist das eine Tomate? • Haben wir Brot? • Haben wir Obst? • Die Kartoffeln kosten drei Euro. • Kommen Sie aus Polen? • Wo wohnen Sie?

11 Ergänzen Sie: *ein – eine – kein – keine*

a
▲ Oh, ..*ein*.... Apfel. Danke.
● Das ist ..*kein*.... Apfel!
Das ist ..*eine*.... Tomate.

b
● Da kommt ..*ein*.... Mann!
◆ Das ist ..*kein*.... Mann, das ist ..*eine*.... Frau.

c
■ Ist das ..*eine*.... Orange?
▲ Das ist ..*keine*.... Orange. Das ist ..*ein*.... Apfel.

Schreiben Sie die Sätze aus <u>c</u> in Ihrer Sprache und vergleichen Sie.

....

....

siebenundachtzig | **87** | LEKTION 3

3 B Das ist doch **keine** Sahne.

12 Ordnen Sie die Wörter.

Brötchen • Apfel • Tomate • Banane • Ei • Orange • Kuchen • Kind • Frau • Mann • Frage • Antwort • Name • Zahl • Buchstabe • Telefonnummer • Stadt • Land • Foto

Ist das **ein** …?
Nein, das ist **kein** …
— Brötchen, Ei, Kuchen, Kind, Mann, Name, Apfel, Buchstabe, Foto, Land

Ist das **eine** …?
Nein, das ist **keine** …
— Antwort, Frage, Frau, Orange, Tomate, Banane, Zahl, Telefonnummer, Stadt

13 Ergänzen Sie: *ein – eine – kein – keine*

a
- Özdemir? Ist das ___ein___ Vorname?
- Nein, das ist ___kein___ Vorname, das ist ___ein___ Familienname.
- Und Salzmann? Ist das ___eine___ Stadt in Österreich?
- Nein, das ist ___keine___ Stadt in Österreich, das ist ___ein___ Name.

b
- Ist das ein j?
- Nein, das ist ___kein___ j, das ist ___ein___ y.

c
- Wie alt bist du?
- Ich weiß es nicht.
- Das ist doch ___eine___ Antwort.
- Das ist auch ___keine___ gute Frage!

Vier **Flaschen** kosten 7,10 Euro.

C 3

14 Machen Sie eine Tabelle und tragen Sie die Wörter ein.

Apfel • Banane • Äpfel • Eier • Bananen • Kartoffel • Brötchen • Kuchen • Ei • Tomaten • Flasche • Brötchen • Tomate • Länder • Flaschen • Kartoffeln • Buchstabe • Namen • Kuchen • Fotos • Städte • Mann • Frau • Kinder • Foto • Zahl • Buchstaben • Frauen • Frage • Name • Stadt • Zahlen • Kind • Männer • Fragen • Land

Ist das …?	Sind das …?
ein Apfel	Äpfel

15 Ergänzen Sie.

▲ Oh je, _keine_ Eier, _keine_ Brötchen, _keine_ Kartoffeln!

● Mama, haben wir Obst? Äpfel, Orangen, …?

▲ Nein, _keine_ Äpfel, _keine_ Orangen.

● Und Bananen?

▲ Nein, auch _keine_ Bananen.

● Da ist doch ein Apfel!

▲ Nein, das ist _kein_ Apfel, das ist _eine_ Tomate!

■ Mama, wie viele Zahlen hat mein Name?

▲ Das sind _keine_ Zahlen, das sind Buchstaben!

◆ Mama, was …

▲ Bitte, _keine_ Fragen mehr.

▼ Mama, wo liegen die Länder Frankfurt und Stuttgart?

▲ Das sind _keine_ Länder, das sind Städte!

16 Ergänzen Sie.

a ● Was haben wir noch?
■ Drei _Eier_ (Ei), zwei _Äpfel_ (Apfel) und zwei _Tomaten_ (Tomate).
● Haben wir keine _Brötchen_ (Brötchen)?

b Sonderangebot: Sechs _Joghurts_ (Joghurt) kosten nur 2 Euro.

c München und Ulm sind _Städte_ (Stadt) in Süddeutschland.

d Wie viele _Kinder_ (Kind) haben Sie?

e Sara hat viele _Fotos_ (Foto) aus der Türkei.

f Mein Name hat fünf _Buchstaben_ (Buchstabe): B r u n o.

17 Machen Sie ein Plakat für die Klasse.
Ordnen Sie die Wörter und die Wörter aus Übung 14.

Bruder – Brüder • Sohn – Söhne • Vater – Väter • Schwester – Schwestern • Mutter – Mütter • Adresse – Adressen • Land – Länder

Apfel – Äpfel	Mann – Männer	Stadt – Städte	Brötchen – Brötchen
¨ –	– er	– e	–
Bruder – Brüder		Sohn – Söhne	
Kind – Kinder	Frau – Frauen	Name – Namen	Joghurt – Joghurts
– er	– en	– n	– s
Ei – Eier	Kartoffel – Kartoffeln, Tomate – Tomaten, Banane – Bananen		Zahl – Zahlen

LEKTION 3

3 D Gewichte und Maßeinheiten

18 Hören Sie und ergänzen Sie die Zahlen.

20 zwanzig   22 zweiundzwanzig   30 dreißig   33 dreiunddreißig

40 vierzig   45 fünfundvierzig   50 fünfzig   58 achtundfünfzig

60 sechzig   64 vierundsechzig   70 siebzig   75 fünfundsiebzig

80 achtzig   83 dreiundachtzig   90 neunzig   99 neunundneunzig

Hören Sie noch einmal und sprechen Sie nach.

19 Meine Telefonnummer ist ... Was hören Sie? Kreuzen Sie an.

☒ 49 65   ☐ 65 39   ☐ 34 33 10   ☒ 39 63 13   ☒ 5 32 23   ☒ 5 22 31

☒ 07633 – 8 17 29   ☐ 07131 – 6 81 92

Hören Sie noch einmal und sprechen Sie nach.

20 Hören Sie und verbinden Sie die Zahlen.

21 Finden Sie noch 11 Wörter.

A	C	T	E	E	D	H	W	E	I	N
W	B	M	I	L	C	H	N	F	Z	G
A	B	K	A	F	F	E	E	L	I	K
S	U	M	F	B	R	O	T	E	C	L
S	T	N	I	O	R	T	P	I	H	K
E	T	A	S	A	L	Z	T	S	E	Ä
R	E	E	C	L	M	O	B	C	R	S
H	R	G	H	O	B	S	T	H	F	E

22 Ein Brötchen hat viele Namen. Wie heißt es noch? Hören Sie und kreuzen Sie an.

☒ Semmel   ☒ Rundstück   ☒ Wecken   ☐ Hering   ☐ Kuchen   ☒ Schrippe

Wo sagt man wie? Hören Sie noch einmal und ordnen Sie zu.

Semmel — Hamburg
Wecken — Berlin
Schrippe — Süddeutschland / Stuttgart
Rundstück — Süddeutschland / München

neunzig (90) LEKTION 3

Lebensmittel einkaufen

E 3

23 Notieren Sie im Lerntagebuch.

LERNTAGEBUCH

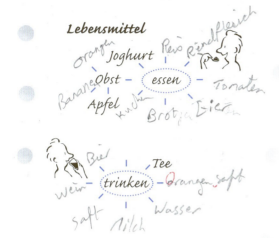

Lebensmittel

Orangen, Joghurt, Reis, Rindfleisch, Banane, Obst, (essen), Tomaten, Apfel, Kuchen, Brot, Eier

Bier, Tee, Wein, (trinken), Orangensaft, Saft, Milch, Wasser

einkaufen

Ich möchte …
Ich hätte gern …
Ich brauche …

Wo finde ich …?
Haben Sie …?

Was kostet/kosten …?
Wie viel kostet/kosten …?

Ja, bitte.
Nein, danke.
Das ist alles.
…

Gramm
(Wie viel?)

24 Im Supermarkt – Notieren Sie.

Was kostet …? Was kosten …?

1 Pfund Butter	kostet	1,29 €	1 Liter Milch	kostet 0,79 €
2 Kilo Äpfel	kosten	3,39 €	1 Flasche Apfelsaft	kostet 0,89 €
8 Tomaten	kosten	1,49 €		

Woher kommen die Produkte?

Kartoffeln aus: Amerika   Äpfel aus: Deutschland
Tomaten aus: Spanien   Bananen aus: Afrika

Welche Wörter brauchen Sie noch im Supermarkt? Suchen Sie im Wörterbuch.
Notieren Sie 5 neue Wörter und zeichnen Sie.

Wurst

spaghetti

Lektion 4: Meine Wohnung

A — Das Bad ist dort.

1 Ergänzen Sie: *der – das – die* und ordnen Sie die Wörter.

Küche • Zimmer • Wohnzimmer • Balkon • Schlafzimmer • Kinderzimmer • Toilette

ein / ...der...	ein / ...das...	eine / ...die...
Flur	Bad	Wohnung
Balkon	Schlafzimmer	Toilette
	Kinderzimmer	Küche
	Wohnzimmer	
	Zimmer	

2 Ergänzen Sie: *ein – eine – der – das – die*

cordial

● Herzlich willkommen. Das ist meine Wohnung.

▲ Schön! Aber sagen Sie mal, ist hier auch ...ein... Bad?

● Natürlich, hier ist alles: ...das... Schlafzimmer, ...das... Wohnzimmer, ...die... Küche, auch ...das... Bad und ...der... Balkon.

▲ Wo ist denn ...ein... Wohnzimmer? (das)

● ...Das... Wohnzimmer ist hier.

▲ Und wo ist ...ein... Schlafzimmer?   def. article

● Hier ist ...das... Schlafzimmer.

▲ Und ...eine... Küche?   bestimmter Artikel

● ...Die... Küche ist dort.

▲ Und ...das... Bad ist hier?

● Ja, das ist mein Bad.

A 4

3 Ergänzen Sie: *hier – dort*

- Ist Lara schon da?
- Ja, *hier* bin ich und *dort* kommt Mama.
- Und *dort* ist der Garten.
- Ja, *hier* ist sie und *dort* ist auch Manuel.
- Super! Ist Miriam auch da?

4 Ergänzen Sie.
eine Hauptstadt • die Hauptstadt • ein Hase • der Hase • ein Foto • Das Foto • eine Stadt • Die Stadt • ein Supermarkt • Der Supermarkt • eine Bäckerei • die Bäckerei

a Wien ist *eine Hauptstadt*. Wien ist *die Hauptstadt* von Österreich.
b Hamburg ist *eine Stadt* in Norddeutschland. *Die Stadt* ist sehr schön.
c Das ist *ein Foto* von Niko. *Das Foto* ist schon sehr alt.
d Schnuffi ist *ein Hase*. Schnuffi ist *der Hase* von Sara.

e
● Entschuldigung. Ist hier *ein Supermarkt*?
▲ Ja, „Alleskauf" ist hier. Und dort ist „Miniplus". *Der Supermarkt* ist gut und billig.

● Ist im „Alleskauf" auch *eine Bäckerei*?
▲ Ja, *die Bäckerei* „Backfrisch".

4 A Das Bad ist dort.

5 Ergänzen Sie: *ein – eine – der – das – die* oder /

a ◆ Ich gehe jetzt in den Supermarkt. Ist noch ..../.... Obst da?
Und auch noch ...ein.... Mineralwasser?
▲ Oh, hier sind ...ein.... Sonderangebote: ...Das.... Mineralwasser kostet nur 42 Cent pro Flasche, auch ...ein.... Obst ist nicht teuer und ...ein.... Rindfleisch kostet 7 Euro 49.
◆ Wir brauchen aber kein Rindfleisch.
▲ Im Supermarkt ist auch ...eine.... Bäckerei.
◆ Ja, und?
▲ ...Das.... Brot dort ist sehr gut!

no indefinite article in the plural

b ◆ Entschuldigung, ist hier ...ein.... Telefon?
▲ Ja, ...das.... Telefon ist dort.

c ◆ Guten Tag, ich möchte Frau Andreotti sprechen.
▲ Entschuldigung, wie ist ...der.... Name?
◆ Andreotti, Maria.

d ◆ Das ist ...ein.... Wein aus Italien.
▲ Hmm, ...der.... Wein ist sehr gut.

e ◆ Ich wohne in Frankfurt.
▲ Ist das ...eine.... schöne Stadt?

f ◆ Machen Sie bitte ...die.... Übung 4. Hier ist ...ein.... Beispiel. *example*
▲ Tut mir Leid, ...das.... Beispiel verstehe ich nicht.

g ◆ Was möchtest du? Hier ist ...ein.... Apfelkuchen und ...ein.... Schokoladenkuchen. ...Der.... Apfelkuchen ist von Angela und ...der.... Schokoladenkuchen ist von Andreas.

die Bäckerei
das Beispiel
das Brot
das Fleisch
der Kuchen
das Mineralwasser
der Name
das Obst
das Sonderangebot *specials*
die Stadt
das Telefon
die Übung *practice*
der Wein

vierundneunzig 94 LEKTION 4

Das Zimmer ist **nicht** groß. – Stimmt, **es** ist sehr klein.

B 4

6 Ergänzen Sie: *er – es – sie*

a ● Wie gefällt Ihnen die Wohnung? ■ Gut, und ...sie... ist billig.
b ● Wie gefällt Ihnen die Stadt? ■ ...Sie... ist sehr schön.
c ● Wie gefällt Ihnen das Buch? ■ ...Es... ist sehr gut.
d ● Wie schmeckt Ihnen das Fleisch? ■ ...Es... ist sehr gut.
    Und der Wein? ■ ...Er... ist auch sehr gut.
e ● Wie gefällt Ihnen das Haus? ■ ...Es... ist sehr schön.

7 Schreiben Sie die Sätze in Ihrer Sprache. Vergleichen Sie.   *compar ??*

   Die Wohnung ist **groß**.   Sie ist groß.
   Das Wohnzimmer ist **groß**.   Es ist groß.
   Der Balkon ist **groß**.   Er ist groß.

8 Schreiben Sie die Sätze mit *nicht*.

a Das Zimmer ist klein.   Das Zimmer ist nicht groß (nicht klein).
b Die Wohnung ist billig und sie ist groß. Die Wohnung ist nicht teuer (billig) und (sie ist) nicht klein (groß).
c Die Musik ist schön.   Die Musik ist nicht hässlich (nicht schön).
d Das Getränk *fan-fit* schmeckt gut.   Das Getränk fan-fit schmeckt nicht gut.
e Das ist die Rosenheimer Straße.   Das ist nicht die Rosenheimer Straße.
f Das ist meine Schwester.   Das ist nicht meine Schwester.

9 Lesen Sie und schreiben Sie.

Also, Sie sind Fernando Alvarez und Sie kommen aus Mexiko. Sie sind 35. Ihre Frau heißt Maria Alvarez und Sie wohnen in Nürnberg. Sie sprechen Englisch und Sie lernen Deutsch.

Stopp, Stopp, das ist nicht richtig.
Ich bin nicht Fernando Alvarez und ich komme nicht aus Mexico. Ich bin nicht 35. Meine Frau heißt nicht Maria Alvarez und ich wohne nicht in Nürnberg. Ich spreche nicht Englisch und ich bin nicht lerne kein Deutsch.   *kein + noun*

Ich spreche schon gut Deutsch!

fünfundneunzig 95 LEKTION 4

4 C Ich habe nicht viele **Möbel**.

10 Hören Sie und markieren Sie die Betonung ´.

wóhnen – das Zímmer – das Wohnzimmer – das Schlafzimmer – das Kinderzimmer
die Küche – der Schrank – der Küchenschrank – der Kühlschrank
waschen – die Maschine – die Waschmaschine • der Wein – die Flasche –
die Weinflasche • das Land – die Karte – die Landkarte

Hören Sie noch einmal und sprechen Sie nach.

11 Was fehlt hier? Schreiben Sie. *absent*

a ....der Fernseher.... b ....der Tisch.... c ....der Herd....
....das Sofa.... ....der Stuhl.... ....der Kühlschrank....

d ....das Bett und der Schrank.... e ....die Waschmaschine....

12 Suchen Sie im Wörterbuch.

Regal – *der, das* oder *die*?

....das.... Regal   die ....Regale....

So finden Sie es im Wörterbuch:

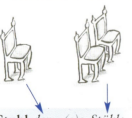  
        das   die   der

Stuhl *der; -(e)s, Stühle*   **Bett** *n; -(e)s, -en*   **Lampe** *f; -, -en*   **Fernseher** *m; -s, –*

der Stuhl, die Stühle   das Bett, die Betten   die Lampe, die Lampen   der Fernseher, die Fernseher

n = neutral = das   m = maskulin = der   f = feminin = die

C 4

13 Ergänzen Sie.

der Stuhl — die Stühle
der Tisch — die Tische
die Lampe — die Lampen
das Sofa — die Sofas
das Bett — die Betten

das Haus — die Häuser
die Wohnung — die Wohnungen
das Zimmer — die Zimmer
der Schrank — die Schränke

14 Was passt?

Wie gefällt Ihnen — die Wohnung? / das Haus? / der Tisch?
Wie gefallen Ihnen — die Lampen? / die Möbel? / die Stühle?

Schreiben Sie die Fragen und antworten Sie.

Gar nicht. Sie sind hässlich. • Gut. Sie sind sehr schön. • Sehr gut. Es ist schön. •
Nicht so gut, aber sie ist billig. • Es geht. Er ist sehr groß. • Ganz gut und sie sind nicht teuer.

◆ Wie gefällt Ihnen das Haus?
● Sehr gut. Es ist schön.
◆ Wie gefallen Ihnen die Möbel?
● Gar nicht, sind sie hässlich.
◆ Wie gefällt Ihnen der Tisch?
● Es geht. Er ist sehr groß.
◆ Wie gefällt Ihnen die Lampe?
● Nicht so gut, aber sie ist billig.
◆ Wie gefallen Ihnen die Stühle?
● Ganz gut und sie sind nicht teuer.
◆ Wie gefallen Ihnen die Betten?
● Gut. Sie sind sehr schön.

4 C Ich habe nicht viele **Möbel**.

15 Ergänzen Sie: *der – das – die – ein – eine – er – es – sie*

ein / der → er
ein / das → es
eine / die → sie
— / die → sie

■ Haben Sie Schränke, Sofas und auch Waschmaschinen?
▲ Ja natürlich, wir haben alles. **Die** Schränke und **die** Sofas sind hier, **die** Waschmaschinen dort. Wie gefällt Ihnen zum Beispiel **der** Schrank hier?
■ Gut, **der** ist schön und groß. Was kostet **er**?
▲ 45 Euro. Hier ist noch **ein** Schrank, **er** kostet 60 Euro.
■ Und **ein** Sofa dort?
▲ 30 Euro, **das** ist alt, aber sehr schön.
■ Aha, und was kosten **die** Waschmaschinen?
▲ **Sie** kosten 60 – 120 Euro. Hier ist **eine** Maschine zu 70 Euro und **eine** Maschine dort kostet 120 Euro. **Die** ist neu.

16 Notieren Sie im Lerntagebuch. Ordnen Sie die Wörter in Gruppen.
Nehmen Sie die Wortliste ab S. 128 und ergänzen Sie *der*, *das* oder *die*.

Abend • Adresse • Antwort • Apfel • Baby • Banane • Brot • Brötchen • Bruder • Buch • Buchstabe • Dame • Ei • Familie • Familienname • Firma • Fisch • Flasche • Fleisch • Formular • Frage • Frau • Freund • Gemüse • Gespräch • Getränk • Hausnummer • Herr • Hunger • Joghurt • Kartoffel • Käse • Kind • Kuchen • Kurs • Land • Lied • Mann • Milch • Mittag • Morgen • Musik • Mutter • Nacht • Name • Nummer • Obst • Orange • Ort • Partner • Partnerin • Party • Postleitzahl • Salz • Schwester • Sohn • Spiel • Sport • Sprache • Stadt • Straße • Tag • Tee • Telefonnummer • Text • Tochter • Tomate • Vater • Vorname • Wein • Wort

LERNTAGEBUCH

der Abend, die Abende
der Morgen, …
die Nacht, …
…

der Name, die Namen
der Vorname, die Vornamen
…

die Adresse, die Adressen
die Straße, …
…

der Buchstabe, …
das Wort, …
…

Was kostet denn die Wohnung? – **650 Euro** im Monat.

D 4

Projekt **17** Wohnungsanzeigen lesen und verstehen

App., ca. 30 m², möbliert, € 300 inkl. NK + KT 0761/4330915

2-Zi.-Whg., kl. Garten, ca. 55 qm, EBK, ab sofort *(at once, instantly)* für € 450 Warmmiete zu vermieten 07633/2164 *(to let, lease)*

3-Zi.-Whg., 84 m², Balkon, 680,- € + NK + TG, Südbau Immobilien 07632/485311

Schöne 3-Zi.-Whg., 80 qm, 2 Balkone, Garage, KM 510,- € + NK € 110, 2 MM KT 0172-4885632

Von Privat: helle 4-Zi.-Whg., schöner, gr. Balk., KM 550 Euro + NK / KT 07668/94 26 30

Was bedeutet das? Fragen Sie. *(symbol)*

App. • Zi. • Whg. • KM • Warmmiete • NK • MM • KT • inkl. • gr. • kl. • ca. • Balk. • EBK • TG • Von Privat

MM - Monatsmieten
kl. klein
KT - Kaltmiete

ca. circa
Von Privat = Ohne Agentur
Warmmiete = mit Heizung
App. Apartement
Zi. Zimmer
Whg. Wohnung
KM kostet Monat **Kaltmiete**
qm. Quadratmeter
gr. Garage **groß**
Balk. Balkon
NK. Nebenkosten

Machen Sie ein Plakat für die Klasse. Zum Beispiel so:

EBK? Einbauküche   Zimmer
TG? Tiefgarage

Schöne 3-Zi.-Whg., 80 qm, 2 Balkone, Garage, KM € 510,- + NK € 110, 2 MM KT 0172-4885632

Kaltmiete = Ohne Heizung

Nebenkosten = Heizung, …

2 Monatsmieten = 2 x 510 Euro

Kaltkosten **Kaution**

Von Privat: helle 4-Zi.-Whg., schöner, gr. Balk., KM 550 Euro + NK / KT

Ohne Agentur
Balkon
… großer Garage

neunundneunzig (99) LEKTION 4

4  Kleinanzeigen

18 Hören Sie und markieren Sie: *e, i* lang (*e̱, i̱*) oder kurz (*ė, i̇*).

das B*e*tt • Gute Id*ee*! • die Adr*e*sse • z*e*hn M*e*ter • s*e*chzig Z*e*ntim*e*ter
die M*i*ete • der T*i*sch • das Z*i*mmer • die M*u*sik • die Fam*i*lie

Hören Sie noch einmal und sprechen Sie nach.

19 Hören Sie und sprechen Sie nach.

Ich lebe jetzt in England. • Möchten Sie Tee? • Lesen Sie bitte den Text. •
Die Miete ist billig. – Das ist richtig. • Wo ist das Kinderzimmer? – Hier links. •
Ein Liter Milch, ein Kilo Fisch.

20 Sie brauchen noch Möbel. Wo rufen Sie an? Notieren Sie die Telefonnummern.

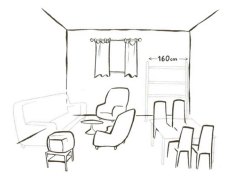 

Schlafzimmer komplett, Schrank H 227 B 2,20, Bett 180x200, 3 Jahre alt, für € 900,-. 0170-5229386

Kleiderschrank, 4-tür., H 2,38m B 2,20 m € 200,-; 2 Betten 90x200, € 180,-. VHB, 07623/3184

Sofa, Leder schwarz, sehr bequem, € 60,-. 07658/1735

Sofa + 2 Sessel, neu, € 400; Regal H 1,70 B 1,50 E 80 VHB Tel. 0172-2169800

Franz. Bett aus Metall mit Matratze 140x200 € 160,- VHB. 0173-4485609

Wohnzimmerschrank H 2 m B 2,80m 120 €; Kinderbett 1,40 m 70 €; 2 Sessel 80 €, 0761/5574915

Esstisch, rund, 4 J. alt e 45; Sofa € 35,-. 0172-6177465

Verkaufe Bett 1x2 m + Matratze € 60,-; 2 Regale H 1,80 B 0,95 € 90, 07665/51614

Schreibtisch 120 b/0,72 h/0,80 t Euro 50; Tel. 0170-933656

Tisch (2,10x100) 6 Stühle, Fernsehtisch alles zusammen € 300 VHB. 07663-5520

H/h = Höhe/hoch   B/b = Breite/breit   T/t = Tiefe/tief

VHB = Verhandlungsbasis

160 Euro!   Na ja ... 120?   Nein, 140.   O.k.

einhundert 100 LEKTION 4

21 **Notieren Sie im Lerntagebuch.**
grün: der … blau: das … rot: die …

Wohnung
- die Küche
- die Dusche
- das Bad
- das Zimmer — das Kinderzimmer
  - Schlafzimmer
- das Wohnzimmer

Möbel
- der Schrank
- der Tisch
- der Stuhl
- das Sofa
- das Bett

Elektrogeräte
- die Lampe
- der Fernseher
- der Herd
- die Waschmaschine
- der Kühlschrank

Lektion 5: Mein Tag

A Es ist schon neun Uhr.

1 Ergänzen Sie: vor – nach

Ein Uhr. / Eins.
Zwei Uhr. / Zwei.

Fünf ...*vor*... zwei.　　　Fünf ...*nach*... eins.
Zehn .... zwei.　　　Zehn .... eins.
Viertel .... **zwei.**　　**Viertel** .... **eins.**
Zwanzig .... zwei.　Zwanzig .... eins.
Zehn .... halb zwei.　Zehn ...*vor*... halb zwei.
Fünf .... halb zwei.　Fünf .... halb zwei.

Halb zwei.

2 Ordnen Sie zu.

1 Halb vier. 2 Viertel vor zehn. 3 Zwanzig nach zehn. 4 Fünf nach halb acht. 5 Viertel nach zwei.
6 Kurz vor zwölf. 7 Zehn vor halb fünf. 8 Halb acht. 9 Zehn nach fünf. 10 Fünf nach drei.
11 Zehn vor neun. 12 Fünf vor halb vier. 13 Fünf vor acht. 14 Kurz nach eins. 15 Zwanzig vor drei.

☐ 8 07:30　　☐ 15:30　　☐ 11:58　　☐ 14:15　　☐ 09:45
☐ 10:20　　☐ 02:40　　☐ 16:20　　☐ 17:10　　☐ 08:50
☐ 19:35　　☐ 07:55　　☐ 03:05　　☐ 15:25　　☐ 01:02

3 Schreiben Sie die Uhrzeit.

a Halb drei.　　　　　　...*2:30*... ...*14:30*...　　g Viertel nach elf.　　　.................. ....
b Viertel vor zehn.　　　.................. ....　　h Fünf nach zwölf.　　　.................. ....
c Viertel nach sechs.　　.................. ....　　i Fünf vor halb fünf.　　.................. ....
d Zwanzig nach sieben.　.................. ....　　j Zehn vor halb eins.　　.................. ....
e Zehn nach neun.　　　.................. ....　　k Fünf vor halb vier.　　.................. ....
f Zwanzig vor acht.　　　.................. ....　　l Zehn nach halb zehn.　.................. ....

4 Ergänzen Sie: schon – erst und die Uhrzeit.

a ◆ Oh, es ist .... 12 Uhr.　　b ■ Schnell, ins Bett!
● Nein, es ist ...*erst*...　　　　　　　　Es ist .... neun Uhr.
....　　　　　　　　▲ Nein, es ist ....

Ich **räume** die Wohnung **auf**. B 5

5 Markieren Sie und schreiben Sie.

a Frau Bond steht früh auf. *aufstehen*   f Sie räumt die Wohnung auf. ....

b Sie macht das Frühstück. ....

c Sie arbeitet bis 12 Uhr. ....   g Sie ruft Freunde an. ....

d Sie kauft im Supermarkt ein. ....   h Sie sieht noch ein bisschen fern. ....

e Sie kocht das Mittagessen. ....

6 Ergänzen Sie und markieren Sie.

a *fernsehen*   Markus sieht fern.
     jeden Abend   Markus sieht *jeden Abend* fern.
     um acht Uhr   Markus sieht *jeden Abend um 8 Uhr* fern.

b *aufräumen*   Ich räume auf.
     jetzt   Ich ....
     mein Zimmer   Ich ....

c *anrufen*   Ich rufe an.
     meine Eltern   Ich ....
     in Hamburg   Ich ....

7 Notieren Sie im Lerntagebuch. LERNTAGEBUCH

• auf/stehen   *Ich stehe früh auf.*
   an/rufen   ...
• auf/räumen   ...
   ein/kaufen   ...

8 Lesen Sie.   Was denkt Miriam? Schreiben Sie.

Hallo Miriam, bitte
- Zimmer aufräumen
- Brot und Butter einkaufen
- auch Hausaufgaben machen!!
- Papa anrufen
- nicht vor 18 Uhr fernsehen!
- um 9 Uhr ins Bett gehen!
Gruß Mama

O.K. Mama.
Ich *räume mein Zimmer auf.*
Ich *kaufe Brot und Butter ein.*
Ich *mache auch Hausaufgaben.*
Ich *rufe Papa an.*
Ich *sehe nicht vor 18 Uhr fern.*
Ich *gehe um 9 Uhr ins Bett.*

5 B Ich **räume** die Wohnung **auf**.

9 Was machen Sie im Deutschkurs? Ordnen Sie zu.

1 hören und sprechen 4 fragen und antworten 7 hören und ankreuzen
2 eine Tabelle ausfüllen 5 Wörter markieren 8 Fotos und Wörter zuordnen
3 Texte schreiben 6 Wörter ergänzen

A 5 B C D 6 E F 8 G 3 H

1	2	3	4	5	6	7	8
			E				

10 Antworten Sie.

an/kreuzen
aus/füllen
zu/ordnen

a ◆ Was machst du da?   ▲ Ich _markiere Wörter_.

b ◆ Und er?   ▲ Er _ergänzt Wörter_.

c ◆ Was macht ihr denn?   ▲ Wir _füllen eine Tabelle aus_.

d ◆ Und was machen Martina und Olga?   ▲ Sie _ordnen Fotos und Wörter zu_.

11 Was machen Sie gern? Was machen Sie nicht gern? Suchen Sie im Wörterbuch.

gern	nicht gern
1	1 ....
2	2 ....
3	3 ....

Schreiben Sie.

Ich spiele gern Karten.   _Ich stehe nicht gern früh auf._

1 ....   1 ....
2 ....   2 ....
3 ....   3 ....

einhundertvier 104 LEKTION 5

Ich stehe **von** Montag **bis** Freitag **um** fünf Uhr auf.

C 5

12 Lesen Sie. Wie heißen die Tage?

m o d i m i d o f r s a s o

Montag ....

Samstag: in Norddeutschland auch Sonnabend ..... Wochenende .....

13 Ergänzen Sie: *um – am – von neun bis zwölf Uhr*

a ◆ Machst du .... Sonntag das Frühstück?
● Ja, aber ich stehe früh auf.
◆ Wann?
● .... acht Uhr.
◆ Was? .... Sonntag möchte ich nicht .... acht frühstücken.

b ■ Was machst du .... Donnerstag?
▲ Ich habe .... Kurs. Warum fragst du?
■ Gehen wir einkaufen?
▲ Ja gerne. Wann?
■ .... zwei.

14 Ergänzen Sie.

Hallo John, ha........ du .... Samstag Zeit? .... 3 Uhr komm....... Uli und Petra zum Kaffee. Komm......... du auch? Und .... Sonntag spiel......... wir Fußball, ... 10.
Eva :-))

Hallo Eva, tut mir Leid, ... Wochenende hab......... ich gar keine Zeit. .... Samstag mach......... ich einen Intensivkurs .... 9 .... 12 und .... 14 .... 18 Uhr. Und .... Sonntag komm......... meine Mutter.
John :-((

15 Schreiben Sie Dialoge.

a wir – Donnerstag – Fußball? ●
17–18 Uhr ● Bis Donnerstag! ●
Wann? ● Ja, gut.

■ Spielen wir ....
▲ ....
■ ....
▲ ....

b Tag, Frau Klein ● Warum? ●
Freitag – Zeit? ● mein Mann –
Geburtstag ● wir – eine Party ●
Sie – auch? ● 18 Uhr ●
Sehr gerne. Wann?

▲ Tag, Frau Klein. Haben Sie
■ ....
▲ ....
■ ....
▲ ....

5 D Tageszeiten

16 Ergänzen Sie die Tageszeiten.

..am.......................... ....

....

17 Tinas Tag. Lesen Sie und schreiben Sie.

Tina steht jeden Tag früh auf.   Jeden Tag steht Tina früh auf.
Sie macht am Morgen das Frühstück.   Am Morgen
Sie räumt am Vormittag die Wohnung auf.   Am Vormittag
Sie kauft dann im Supermarkt ein.   Dann
Sie kocht um halb eins das Mittagessen.   Um halb eins
Sie arbeitet von 14 bis 18 Uhr im Laden.   Von 14 bis 18 Uhr
Sie ist am Abend sehr müde.   Am Abend

Schreiben Sie die Sätze in Ihrer Sprache und vergleichen Sie.

Am Morgen …   Dann …

18 Saras Tag. Lesen Sie und markieren Sie.

Sara **geht** am Vormittag in die Schule. Sie macht am Nachmittag Hausaufgaben.

Sie spielt dann ein bisschen. Sie geht um vier Uhr zum Tanzkurs.

Sie geht um neun Uhr ins Bett.

Tragen Sie die Sätze ein.

einhundertsechs 106 LEKTION 5

D 5

19 Brunos Tag. Schreiben Sie.

a Bruno – aufstehen – um fünf Uhr
b Dann – er – zum Großmarkt – fahren
c Von 7 bis 19 Uhr – er – im Laden – arbeiten
d Dann – die Kasse – er – machen
e Zu Hause – fernsehen – noch ein bisschen – er
f er – sehr müde – sein – Am Abend

a Bruno ....
b ....
c ....
d ....
e ....
f ....

20 Notieren Sie im Lerntagebuch.

LERNTAGEBUCH

arbeiten	ich arbeite	du arbeit**est**	er/sie arbeit**et**	Arbeitest du heute?
essen	ich esse	du **isst**	er/sie ...	Isst du gern Obstkuchen?
fern/sehen	ich sehe fern	du s**ie**hst fern	er/sie ...	...
sprechen	ich spreche	du spr**i**chst	er/sie ...	...

Phonetik 21 Hören Sie und sprechen Sie nach.
28

das Buch – die B**ü**cher • mein Bruder – meine Br**ü**der • das Fr**ü**hstück • die K**ü**che •
das Gem**ü**se • der Mann – die M**ä**nner • der Apfel – die **Ä**pfel • der K**ä**se • das Getr**ä**nk •
das Gespr**ä**ch • h**ä**sslich • mein Sohn – meine S**ö**hne • eine Tochter – drei T**ö**chter •
das Brot – die Br**ö**tchen • das Wort – die W**ö**rter • schon – sch**ö**n

29 Hören Sie noch einmal und markieren Sie lang (<u>ü</u>, <u>ä</u>, <u>ö</u>) oder kurz (ü̇, ä̇, ö̇).

Phonetik 22 Hören Sie und sprechen Sie nach.
30

Bist du noch müde? • Frühstück um fünf? Nein, danke! • Ich hätte gern Käse. •
Er geht spät ins Bett und er steht sehr spät auf. • Ich möchte bitte zwölf Brötchen. •
Robert hört am Morgen Musik. • Sind die Möbel schön? – Nein, sie sind hässlich.

Phonetik 23 Sie schreiben e, aber Sie hören ä. Wo hören Sie ä? Kreuzen Sie an.
31

meine Schw**e**ster ☐   Das B**e**tt ist g**e**lb. ☐   K**e**nnst du meine Adr**e**sse? ☐
z**e**hn M**e**ter ☐   Wie g**e**ht's? ☐   L**e**sen Sie bitte. ☐
s**e**chzig P**e**rsonen ☐   **E**ssen wir j**e**tzt **e**twas? ☐
Sie spr**e**chen gut **E**nglisch. ☐   Ich l**e**be in **E**rfurt. ☐

einhundertsieben **107** LEKTION 5

5 E Öffnungszeiten

24 Lesen Sie das Fernsehprogramm und schreiben Sie die Uhrzeiten.

- Um ...acht Uhr... kommt die Tagesschau.
- ▲ Und was kommt am Abend?
- Oh, um .... kommt ein Actionfilm mit Roger Moore.
- ▲ Kommt auch „Wer wird Millionär"?
- Ja, um ....
- ▲ Und wann kommt das „heute-journal"?
- Um .... und dann um .... das Sportstudio.

Um zwanzig Uhr die „Tagesschau".
.... der Actionfilm „Moonraker – Streng geheim".
Die Quizshow „Wer wird Millionär" um ....
Das „heute-journal" um ....
.... und um .... das „ZDF Sportstudio".

25 Hören Sie drei Gespräche. Was ist richtig? Kreuzen Sie an: a, b oder c

1 Wann macht Timo seine Geburtstagsparty?
- a ☐ Am Montag.
- b ☐ Am Donnerstag.
- c ☐ Am Freitag.

2 Wann gehen Christina und Andrea einkaufen?
- a ☐ Um 1 Uhr.
- b ☐ Um 3 Uhr.
- c ☐ Um 6 Uhr.

3 Wo wohnt Frau Männlin?
- a ☐ In der Müllerstraße.
- b ☐ In der Mühlenstraße.
- c ☐ In der Müllstraße.

E 5

Phonetik 26 Sprechen und Schreiben

a Hören Sie und markieren Sie *i, e, a, o, u* lang (*i̱, e̱, ...*) oder kurz (*i̦, e̦, ...*).

das Kind•das Kino•billig•am Mittwoch•am Dienstag•das Zimmer•
sie sieht fern und er isst•
die Eltern•ein Meter zehn•das Bett•der Tee•schmecken•essen•kennen•
die Nacht•der Name•die Kasse•die Straße•der Mann•zwanzig Gramm•
das Wort•das Brot•am Donnerstag•ich komme•der Sohn•die Kartoffeln sind groß•
der Kurs•das Buch•die Nummer•der Stuhl•die Mutter•der Fußball•der Fluss

b Ordnen Sie die Wörter.

i̱ e̱ a̱ o̱ u̱ : Kino, Dienstag, sieht,
  Meter, zehn,

i̦ e̦ a̦ o̦ u̦ : Kind, billig,

c Ergänzen Sie.

sprechen	schreiben	sprechen	schreiben	sprechen	schreiben
i̱	i, i+e, i+eh	a̱	a, a+ß, a+	u̱	u, u+
i̦	i, i+ll, i+	a̦	a, a+ss, a+	u̦	u, u+mm, u+
e̱	e, e+h, e+	o̱	o, o+		
e̦	e, e+tt, e+ck, e+	o̦	o, o+nn, o+		

d Hören Sie und ergänzen Sie. Hören Sie noch einmal und vergleichen Sie.

1 ▲ M........chten Sie T............?   2 ▲ Wie ist ....re Adr.........e?
   ■ Ja, g...........rn.   ■ Ludwigstr............e z............n.

3 Tina macht j...........den T............g das Fr............st......... und k........cht das M............ag.........en.

4 F............nf K............lo Kart............eln k............sten v............r Euro s............chzig.

5 500 Gr............ K............se, bitte.

6 Meine Fam............lie ist s............r gr............ Ich habe s............ben K............nder.

6 A Lektion 6: Freizeit
Wie ist denn das **Wetter?** – **Es regnet.**

1 **Wie ist das Wetter in Hamburg, München, Köln, Dresden? Ordnen Sie zu.**

A Es regnet. Es sind sechs Grad.

B Es ist bewölkt.
   Es sind plus fünf Grad.

C Die Sonne scheint, es ist kalt.
   Es sind fünf Grad unter Null.

D Minus ein Grad und es schneit.

Das Wetter in

Hamburg: ..C..........

München: ....

Köln: ....

Dresden: ....

 8° (plus) acht Grad
-3° minus drei Grad /
     drei Grad unter Null

2 **Grüße aus dem Urlaub. Schreiben Sie.**

wir – zwei Wochen – Griechenland • Wetter – ☺ • ☼ • 35° • alles – sehr schön

Hallo Ivana,
wir sind
....
Das Wetter
....
....
....
Liebe Grüße
Dorothea

3 Sehen Sie die Karte in Übung 1 an und antworten Sie.

a Wo liegt Hamburg? Im *Norden*
b Wo liegt München? Im ....
c Wo liegt Köln? Im ....
d Wo liegt Dresden? Im ....
e Wo regnet es? *In Köln* und ....
f Wo scheint die Sonne? ....
g Wo schneit es? ....
h Wo ist es bewölkt? ....

4 Ordnen Sie zu.

~~Norden~~ • Montag • Deutschland • 3 Uhr • München • Sommer • Vormittag • der Nacht • Winter • Abend • kurz vor sieben • der Türkei

im *Norden*, ... am ....
....
um .... in ....
....

5 Nein! Ergänzen Sie.

● Das Wetter ist schön.
▲ Nein, es ist *nicht schön*. Es ist kalt.
● Nein, es ist *nicht* ...., es ist warm.
▲ Aber es regnet! Und es ist windig!
● Nein, es ....
Und es ist auch ....

Ich gehe **nicht** gerne spazieren.
Nein, danke. Ich möchte **keine** Banane.

6 Ergänzen Sie: *nicht – kein – keine*

a Das Wetter ist .... schön. Wir machen .... Picknick.
b Ich bin noch so müde. Ich möchte .... Frühstück. Ich stehe .... auf.
c ● Papa, spielst du mit mir?
  ▲ Nein, heute .... mehr, es ist schon neun Uhr.
  ● Es ist noch .... neun. Es ist erst Viertel vor neun.
d ◆ Kochst du gern?
  ▲ Nein, ich koche gar .... gern.
e ■ Ihre Kinder sind aber schon groß!
  ▲ Das sind .... meine Kinder. Ich habe .... Kinder.

einhundertelf   111   LEKTION 6

6 A Wie ist denn das **Wetter?** – **Es regnet**.

7 Schreiben Sie.

> Nein, heute ist Sonntag!
> Wir machen ein Picknick.

zum Großmarkt fahren
im Laden arbeiten

Heute fahre ich nicht ....
....
Heute ....
....

die Wohnung aufräumen
einkaufen gehen
Mittagessen kochen

Heute ....
....
Ich gehe ....
....
Heute ....
....

in die Schule gehen
Hausaufgaben machen
zum Tanzkurs gehen

Heute ....
....
Ich ....
....
Heute ....
....

8 Tut mir Leid, heute nicht! Schreiben Sie die SMS.

kommen heute • Zeit haben • kommen Samstag 15 Uhr

Hallo Andrea,
wann kommst du
heute Nachmittag?
Neven

Hallo Neven,
tut mir Leid, ich
....
....
....
....
Andrea

9 Schreiben Sie, was Sie heute alles **nicht** machen.

....
....
....

einhundertzwölf 112 LEKTION 6

Und wo ist der Salat? Hast du **den** Salat? B 6

10 Was passt? Schreiben Sie.

	den Salat?	Wo ist der Käse, der Salat
	der Käse?	
Wo ist	den Saft?	Wer macht den Salat,
Wer macht	der Salat?	Hast du den Salat,
Hast du	den Wein?	
Wer kauft	den Mann?	
Wie schmeckt	den Kuchen?	
Wie heißt	der Mann?	
Kennst du	der Wein?	
	der Kuchen?	

Phonetik 11 Hast du den Salat?
2 35

a **Hören Sie und sprechen Sie nach.**

◆ Nina, hast du den Salat?   ▲ Nein, den Salat habe ich nicht, aber die Tomaten.

◆ Hast du die Cola?   ▲ Nein, die Cola habe ich nicht, aber das Mineralwasser.

2 36

b **Fragen Sie weiter und antworten Sie wie in a. Hören Sie dann und vergleichen Sie.**

◆ Hast du das Brot?   ▲ Nein, das Brot habe ich nicht, aber die Brötchen.

Brot? – ~~Brot~~ / Brötchen   Saft? – ~~Saft~~ / Wein   Obst? – ~~Obst~~ / Kuchen

Tee? – ~~Tee~~ / Kaffee   Milch? – ~~Milch~~ / Zucker   Wurst? – ~~Wurst~~ / Käse

c **Ergänzen Sie.**

Was hat Nina im Einkaufswagen?	Was hat sie nicht?
die Tomaten, das Mineralwasser, die Brötchen	den Salat, die Cola, …

12 Geburtstagsparty. Schreiben Sie auf Seite 114.

Was brauchen wir?   Wer macht was? Wer kauft was?

Kuchen, Kaffee, Milch
Obst
Wein, Apfelsaft, Mineralwasser
Eiersalat
Brot, Fleisch, Käse

6 B Und wo ist der Salat? Hast du **den** Salat?

Kuchen – meine Mutter • Robert – Kaffee, Milch, Obst • Wein, Apfelsaft – ich • Mineralwasser – schon da • Nudelsalat – meine Mutter • du – Brot, Wurst, Käse?

Meine Mutter macht den Kuchen., Robert kauft ....

....

....

....

....

....

B3 **13** **Im Deutschkurs. Ergänzen Sie.**

der Text • das Wort • der Satz • der Dialog • die Übung

a Schreiben Sie bitte *den Satz / das Wort* .... an die Tafel. (Satz, Wort)

b Erklären Sie bitte .... (Wort)

c Ich möchte .... noch einmal hören. (Dialog)

d Ich verstehe .... nicht. (Wort, Übung)

e Wiederholen Sie bitte .... (Satz)

f Buchstabieren Sie bitte .... (Wort)

g Wir machen jetzt .... drei. (Übung)

h Lesen Sie bitte .... noch einmal. (Text, Satz)

B4 **14** **Bilden Sie zusammengesetzte Wörter.**

das Obst + **der** Saft = **der** Obstsaft

```
        der Apfel              die Tomate (+n)            der Apfel
           |                        |                        |
das Obst — der Saft        das Obst — der Salat      das Obst — der Kuchen
           |                        |                        |
        die Orange (+n)        die Kartoffel            die Schokolade (+n)
```

der Obstsaft, der ....

....

....

einhundertvierzehn   114   LEKTION 6

Du hast das Brot **nicht** dabei. – **Doch**, da ist es.

15 Ergänzen Sie.

a ● Was ist das denn?
■ Ein Auto.
● Nein, das ist *kein* Auto.
■ ....! Das ist ein Auto.

b ● Und was ist das?
■ Ein Apfel.
● Nein, das ist .... Apfel.
■ ....! Das ist ein Apfel.

16 Ergänzen Sie: *Ja – Nein – Doch*

● Sag mal, schmeckt der Kuchen nicht?
■ ...., er schmeckt sehr gut.
● Ist der Kaffee schon kalt?
■ ...., er ist noch sehr warm. Hast du Zucker und Milch?
● ...., hier bitte.
■ Kommt Marion nicht?
● ...., sie hat keine Zeit.
■ Dann essen wir den Kuchen eben allein.

17 Ergänzen Sie: *ein – eine – einen*

● Was hast du für das Picknick?
■ *Ein* .... Käsebrot, ... Apfel, zwei Bananen und .... Schokomilch.
● Ich habe zwei Wurstbrote. Hier hast du .... Wurstbrot, ich möchte gern .... Banane.

18 Ergänzen Sie: *ein – einen – keinen*

● Was möchten Sie zum Frühstück?
■ Ich hätte gern ...*ein*...... Ei, ... Orangensaft, ... Brötchen und .... Joghurt.
● Möchten Sie .... Kaffee?
■ Nein danke, ... Kaffee.
● Auch .... Tee?
■ Nein, auch .... Tee.

6 C  Du hast das Brot **nicht** dabei. – **Doch**, da ist es.

19 Ergänzen Sie.

- Sagen Sie, haben Sie auch ......*einen*...... Hund?
- Ja, sicher habe ich .... Hund.
- Ach, Sie haben .... Hund.
- Doch! Ich habe einen Hund.

- Sagen Sie, ... Fernseher?
- Ja, natürlich ....
- Ach, Sie haben ....
- ....!..

- Haben Sie .... Computer?
- Ja, ...
- Ach, ...
- ....!..

20 Ergänzen Sie: *ein – eine – einen – den – das – die*

Liebe Heike,

endlich habe ich .... Wohnung! Sie ist klein: .... Wohnzimmer, ... Schlafzimmer, ... Küche und .... Bad. .... Küche ist sehr klein. Ein paar Möbel habe ich auch schon: .... Tisch, zwei Stühle, ... Sofa, ... Schrank und .... Bett. .... Sofa ist sehr alt – von meiner Schwester –, ... Schrank und .... Bett habe ich von meinen Eltern.
Ich hätte auch gerne noch .... Lampe und .... Fernseher. Aber zuerst brauche ich .... Kühlschrank und einige Stühle.
Ich möchte nämlich eine Party machen und da möchten sicher alle auch mal sitzen.
Ach ja, ich möchte dich zu meiner Party einladen: Freitag, 26. 9. – 19 Uhr – Hauptstraße 5.

Ich hoffe, du kommst!
Bis dahin liebe Grüße
Ulrike

Freizeit und Hobbys   D 6

Phonetik 37

21 Hören Sie und sprechen Sie nach. Achten Sie auf die Betonung ∕.

lésen • schwímmen • tánzen • schláfen • Bríefe schreiben • Fréunde treffen •
lésen • Lésen Sie bitte. • Lésen Sie die Sätze.
kómmen • Kómmen Sie? • Kómmen Sie bitte.
Einen Káffee und einen Kúchen bitte. • Möchten Sie einen Tée?
Héute gehe ich nicht in die Schúle.

22 Ordnen Sie zu.

☐3☐ Musik hören ☐ fernsehen ☐ kochen ☐ Sport machen ☐ spazieren gehen ☐ tanzen
☐ ins Kino gehen ☐ Fahrrad fahren ☐ Briefe schreiben ☐ Freunde treffen ☐ spielen

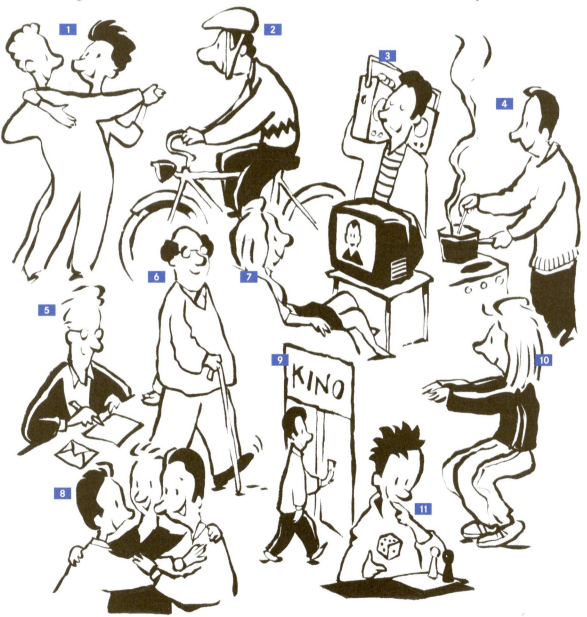

einhundertsiebzehn 117 LEKTION 6

6 D Freizeit und Hobbys

23 Was passt? Unterstreichen Sie.

a
Ich kochen/koche sehr gern.
Mein Mann kocht/kochst sehr gut
und er esse/isst auch sehr gern.

Was machen Sie in der Freizeit?

b
Ich sieht/sehe viel fern.
Ich gehst/gehe nicht ins Kino,
das ist/sind teuer.

c
Wir tanze/tanzen gern.
Sandra tanzen/tanzt sehr gut.

d
● Ich macht/mache sehr viel Sport.
  Jeden Samstag gehe/gehen ich
  schwimmen, dann fahren/fahre ich
  Fahrrad und dann …
■ Sind Sie verheiratet?
● Ja.
■ Was macht/machst denn Ihr Mann?
● Er sehe/sieht fern oder er liest/lest
  oder er trifft/trifft Freunde.
■ Was machen Sie am Sonntag?
● Am Sonntag Vormittag spielt/spiele
  ich Volleyball und dann gehen/
  gehe wir spazieren.

e
Ich habt/habe nicht viel Freizeit,
ich arbeite/arbeitet sehr viel.
Mein Freund bin/ist immer müde und
schläft viel oder fahrt/fährt ein bisschen
Fahrrad.

24 Und was machen Sie in der Freizeit? Schreiben Sie.

25 Ergänzen Sie im Lerntagebuch.

LERNTAGEBUCH

arbeiten	ich arbeite	du arbeit**est**	er/sie arbeit**et**	Arbeitest du heute?
essen	ich esse	du **isst**	er/sie …	Isst du gern Obstkuchen?
fern/sehen	ich sehe fern	du s**ieh**st fern	er/sie …	…
sprechen	ich spreche	du spr**i**chst	er/sie …	…
lesen	ich lese	du l**ie**st	er/sie …	sie liest sehr gern.
treffen	ich treffe	du tr**i**ffst	er/sie …	…
schlafen	ich schlafe	du schl**ä**fst	er/sie …	…
fahren	ich fahre	du f**ä**hrst	er/sie …	…

einhundertachtzehn 118 LEKTION 6

26 Lesen Sie die Texte. Sind die Sätze 1–5 richtig oder falsch? Kreuzen Sie an.

Hallo liebe Leute,

ich mache eine große Party. Ich habe nicht Geburtstag –
ich habe eine Wohnung!

Kommt bitte alle am Freitag, 26.9. in die Hauptstr. 5,
so ab 19 Uhr. Wir feiern bis zum Frühstück!

Wer bringt einen Kuchen oder einen Salat mit?
Und vielleicht auch einen Stuhl?

Viele Grüße

Ulrike

1 Ulrike feiert Geburtstag.   ☐ richtig ☐ falsch
2 Die Party ist am Freitag.   ☐ richtig ☐ falsch

Liebe Ulrike,

vielen Dank für die Einladung zu deiner Party.
Ich komme sehr gerne, aber ich habe am Freitag
immer von 10 bis 21 Uhr 30 einen Kurs.
Ich komme dann eben später. Ich habe leider keine Zeit
für einen Kuchen oder Salat, aber ich helfe gern
am Samstag Vormittag die Wohnung aufzuräumen.

Ich freue mich
Christa

3 Christa kommt zur Party.   ☐ richtig ☐ falsch
4 Sie macht einen Kuchen.   ☐ richtig ☐ falsch
5 Christa räumt mit Ulrike
  am Samstag die Wohnung auf. ☐ richtig ☐ falsch

7 A Lektion 7: Kinder und Schule

Ich **kann** heute nicht in die Schule **gehen**.

A2 **1** Ordnen Sie zu.

	ich den Text noch einmal hören?
Kannst	Sie bitte um drei Uhr anrufen?
Kann	du bitte das Wort erklären?
Können	ihr bitte das Frühstück machen?
Könnt	wir Ihnen helfen?
	Selma schon gut Deutsch?

> Am Freitag möchten wir eine Grillparty machen. Können Sie auch kommen? Wir möchten auch Musik machen. Sergej kann sehr gut Gitarre spielen. Können Sie auch ein Instrument spielen?

A2 **2** Tragen Sie die Sätze ein.

Am Freitag ....*möchten*.... ....*machen*.... .
.... ?
....
.... ?

Schreiben Sie die Sätze in Ihrer Sprache und vergleichen Sie.

A2 **3** Ergänzen Sie die Dialoge.

Kann ich bitte ein Brötchen haben? ● Sie kann nicht kommen, sie ist krank. ●
Kann ich bitte das Wörterbuch haben? ● Guten Tag. Kann ich bitte Herrn Löffler sprechen? ●
Können Sie auch Englisch? ● Kann ich Ihnen helfen? ● Kannst du das bitte noch einmal sagen? ●
Kann ich bitte Zucker und Milch haben?

a ● Wo ist Nadja heute?
 ■ *Sie kann nicht kommen, sie ist krank.*

b ● Ich verstehe das Wort hier nicht. Du?
 ■ Nein, ich auch nicht.
 ● ....

c ● Edith-Stein-Schule, Schmidt, guten Tag.
 ■ ....
 ● Einen Moment, bitte.

d ● Oje, ich verstehe gar nichts.
 ■ ....
 ● Ja bitte. Ich kann das Formular nicht ausfüllen.

e ● Ich hab solchen Hunger!
 ■ ....
 ● ....
 ■ Aber natürlich.

f ● Was sprechen Sie?
 ■ Italienisch und Deutsch.
 ● ....

g ● Möchtest du einen Kaffee?
 ■ Ja, gerne. ....
 ● ....

h ● Wie bitte? ....

A 7

4 Ich kann nicht ..., aber mein Freund Udo kann ... Schreiben Sie.

Ich
Englisch – nicht gut ● Deutsch – auch nicht so gut ● tanzen – gar nicht ● kochen – ein bisschen

Ja, Udo ist super!

Udo
Englisch – sehr gut ● verstehen – alles ● tanzen – sehr gut ● kochen – super

a Ich *kann nicht gut Englisch,* .... aber mein Freund Udo kann ....
b Ich .... aber Udo ....
c Ich .... aber Udo ....
d Ich .... aber Udo ....

5 Schreiben Sie Sätze.

a ich/nicht verstehen/Sie/können/.   *Ich kann Sie nicht verstehen. Können Sie*
Sie/sprechen/können/bitte langsam/?   ....

b ● Fahrrad fahren/können/am Samstag/wir/?   ● ....
■ am Samstag/ich/können/nicht/.   ■ ....
du/am Sonntag/können/?   ....

c ▲ am Freitag/machen/eine Party/ich/.   ▲ ....
ihr/mitbringen/einen Salat/können/?   ....

◆ wir/machen/auch einen Kuchen/können/?   ◆ ....

d Sie/können/erklären/das Wort/bitte/?   ....

e Manuel/heute nicht/gehen/in die Schule/können/.   ....

Phonetik 38 **6** Hören Sie und sprechen Sie nach.

die Schule ● das Spiel ● die Stadt ● die Schweiz ● die Straße ●
Wie schreibt man das? ● Meine Schwester spricht Spanisch. ● Spielen wir? ●
Sprechen Sie bitte langsam! ● Entschuldigung. Ich verstehe das nicht.

Wo hören Sie „sch"? Markieren Sie: s c h r e i b e n   s p i e l e n

Phonetik 39 **7** Hören Sie und ergänzen Sie: *sch* oder *s*

a Gehen wir ....pazieren?   b Wie ....pät ist es?   c Das ....timmt nicht.
d Buch........tabieren Sie bitte das Wort.   e Das ....meckt gut.   f Er ist ein ....portler.
g Ich brauche eine Wa........ma........ine und einen Kühl........rank.

einhunderteinundzwanzig   121   LEKTION 7

7 B Ich **will** aber nicht in die Schule **gehen**.

B2   **8**   Lesen Sie und unterstreichen Sie die Formen von *wollen*.

a

- Machst du jetzt Hausaufgaben?
- Nein, ich gehe jetzt zu Hanna. Wir wollen für die Klassenparty einkaufen. Und dann gehe ich noch zu Luisa, sie will mein neues Fahrrad sehen.
- Und wann willst du die Hausaufgaben machen?
- Ich will gar nicht. Aber ich kann sie ja heute Abend machen.

b
- Was ist los?
- Mein Rad ist kaputt.
- Komm, wir helfen dir.
- Wollt ihr das wirklich machen?

c
- Was macht ihr denn da?
- Wollen Sie auch noch helfen?

Füllen Sie die Tabelle aus.

wollen

ich ....   du ....   er/sie ....

wir ....   ihr ....   sie/Sie ....

B2   **9**   **Ergänzen Sie:** *wollen*

a
- Die Pizza schmeckt super. .... du noch ein Stück?

b
- .... Sie schon gehen?
- Vielen Dank für den schönen Abend.
- Ja, wir stehen morgen sehr früh auf.
- Ich .... aber noch nicht ins Bett.

c

- Bringst du bitte Struppi in den Garten.
- Er .... aber nicht.

d

- Mama, wir .... ein Spiel machen.
- Was .... ihr denn spielen?

B 7

10 Ergänzen Sie die Dialoge.

Ich will aber nichts essen! • Ich möchte nichts essen. • Möchtest du auch einen Kuchen? •
Nein! Ich will jetzt fernsehen! • Jetzt nicht. Ich möchte gern fernsehen. •
Möchtest/Willst du nicht mitmachen? • Ich will im Sommer einen Französischkurs machen. •
Wie viel möchtest/willst du denn? • Ich möchte so gern mit Sandra ins Kino gehen.

a ● Kommst du bitte, das Mittagessen ist fertig.
■ *Ich möchte nichts essen.*
● Wir essen aber jetzt!
■ ....

b ▲ Gehen wir ein bisschen spazieren?
◆ ....
▲ Nur eine Stunde. Bitte!
◆ ....

c ● Ich mache jetzt einen Italienischkurs.
....
■ Nein. ....

d ● Trinkst du eine Tasse Kaffee?
■ Ja, gern.
● ....
■ Nein, danke.

e ▲ Du Papa! ....
Aber ich habe kein Geld mehr, nur noch 50 Cent.
● Was, du hast schon wieder kein Geld mehr?
Na ja! Gut! ....

Füllen Sie die Tabelle aus.

möchten

| ich .... | du .... | er/sie .... |
| wir .... | ihr .... | sie/Sie .... |

11 Was sagen die Personen? Schreiben Sie Dialoge.

Ich möchte ... • Ich will ... • Was möchten Sie?

7 C Du **hast** gestern nichts **gelernt**.

12 Ergänzen Sie.

	gearbeitet	....*arbeiten*....	Ich ....*habe*.... gestern viel ....*gearbeitet*....
ich habe	gelernt	....	Wo .... du Deutsch .... ?
du hast	gegessen	....	Er .... vier Brötchen ....
er/sie hat	gehört	....	Sie .... Musik ....
wir haben	gelesen	....	Wir .... den Text nicht ....
ihr habt	gemacht	....	.... ihr die Hausaufgaben .... ?
sie/Sie haben	geschlafen	....	Sie .... aber lange ....
	geschrieben	....	Boris und Klara .... eine E-Mail ....
	gespielt	....	.... Sie Lotto .... ?

13 Ordnen Sie zu.

antworten • fragen • essen • arbeiten • hören • kaufen • kochen • kosten • leben • lernen • lesen • machen • sagen • schlafen • schreiben • spielen • treffen • wohnen • suchen • finden

gefragt • gesagt • gearbeitet • geantwortet • gekocht • gehört • gelebt • gemacht • gelesen • gespielt • geschlafen • gekauft • gekostet • gesucht • gewohnt • geschrieben • gelernt • getroffen • gegessen • gefunden

antworten – geantwortet, fragen –

14 Machen Sie eine Tabelle im Lerntagebuch. Ordnen Sie die Wörter aus Übung 13.

LERNTAGEBUCH

ge ... (e)t		er/sie	er/sie hat
antworten		antwortet	geantwortet

ge ... en		er/sie	er/sie hat
essen		isst	gegessen

15 Ergänzen Sie.

lernen • schreiben • kaufen • schlafen • treffen • kochen • sagen • lesen • essen

a ■ Ich gehe in den Supermarkt.
   ■ Wir brauchen ...   ▲ Ich ....*habe*.... doch schon alles ....*gekauft*....

b ■ Kinder, kommt zum Mittagessen!   ▲ Was .... du heute .... ?

c ■ Sprichst du Englisch?   ▲ Ja, ich .... es in der Schule ....

d ■ Ist das Buch gut?   ▲ Ich weiß es nicht. Ich .... es nicht ....

e ■ Wie geht es Miriam?   ▲ Ich weiß es nicht. Ich .... sie lange nicht ....

f ■ Hast du etwas von Marc gehört?   ▲ Ja, er .... gestern eine Mail ....

g ■ Du siehst müde aus.   ▲ Ich .... heute Nacht nicht viel ....

h ■ Möchtest du einen Kuchen?   ▲ Nein danke, ich .... schon zwei Brötchen ....

i ■ Was macht Lea am Wochenende?   ▲ Ich weiß es nicht. Sie .... nichts ....